CONSIDÉRATIONS

SUR LE

COMMERCE DES CÉRÉALES.

PAR

L. F P. A. Bottin, avocat.

The unlimited, unrestrained freedom of the corntrade, as it is the only effectual preventative of the miseries of a famine, so it is the best palliative of the inconveniencies of a dearth.
Adam Smith, Wealth of nations, book IV ch. V, digression concerning the corntrade and cornlaws.

VERVIERS,
IMP.-LIB. DE T. ANGENOT, RUE SPINTAY, N° 283

1840

AVANT-PROPOS.

De toutes parts surgissent des plaintes contre la législation qui dans notre pays régit le commerce des céréales. La cherté qui fait déjà sentir ses effets désastreux, menace, si elle continue, d'atteindre la classe pauvre d'une manière encore bien plus sensible pendant les mois de la saison rigoureuse. Dans ces circonstances graves, nous avons cru qu'il y avait un intérêt de patrie, un intérêt d'humanité à rechercher les principes qui doivent être consacrés par toute loi destinée à réglementer l'industrie agricole.

Depuis longtemps déjà notre conviction est formée sur cette grave question, les débats qui ont eu lieu dans le sein de la Chambre des Représentants et ensuite dans le sein du Sénat, lors de la discussion de la loi du 31 juillet 1834, n'ont pas ébranlé cette conviction, et les faits qui se sont passés depuis l'introduction de la loi, sont encore venus corroborer la force de notre manière de voir.

L'industrie agricole subvient aux premiers besoins de l'homme, son importance a fait qu'elle a toujours été l'objet des méditations des politiques de tous les temps et de tous les pays, nous ne citerons qu'un exemple : Quesnay a fait de l'industrie agricole la base de son système d'économie politique.

Tous les gouvernements ont senti combien il était intéressant pour la prospérité de l'Etat et pour la tranquillité publique d'assurer l'approvisionnement du pays

en blé : delà est venue une masse de réglements généraux, décrétés pour les temps ordinaires ; de réglements
spéciaux, portés pour les temps de disette.

Les réglements généraux ont généralement pour but de
faire produire dans le pays la quantité de céréales nécessaire à l'entretien des habitants. Pour arriver à ce résultat,
on a cru qu'il fallait interdire l'importation des blés et
favoriser leur exportation. On a essayé d'établir ce système en disant que les restrictions mises au commerce
des grains sont justifiées par les contributions générales
et particulières qui pèsent sur l'agriculture nationale au
profit de l'Etat, par les soins que l'on doit à la défense
du pays, et enfin par le système prohibitif admis en faveur des produits d'autres industries.

Le pouvoir a même été jusqu'à s'imaginer qu'il avait le
droit de déterminer l'espèce de céréales qui devait être
cultivée de préférence ! Démontrer l'injustice et l'absurdité d'une pareille mesure est sans doute chose inutile.
L'intérêt particulier est un guide qui en semblable matière ne trompe jamais. Lorsque le pouvoir impose une
direction à l'industrie, cette direction est toujours mauvaise, parce qu'il n'est jamais nécessaire de recourir à
des mesures coercitives pour obliger les capitalistes et
les industriels à entreprendre une branche spéciale d'industrie, lorsque cette branche spéciale peut rendre des
bénéfices : l'intérêt est un stimulant si puissant, par lui-
même, qu'il rend inutile l'emploi de tout autre aiguillon.

Les réglements spéciaux sont adoptés dans les temps
de disette : ce sont ordinairement des lois temporaires
qui défendent l'exportation et qui permettent l'importation. Quelquefois on va jusqu'à stimuler l'importation
par des primes, mesure dont nous démontrerons toute
l'inefficacité. Les décrets contre ce que l'on appelle
les *accapareurs*, forment le complément ordinaire de
cette législation ; on fait plus encore : on détermine
le prix de vente des céréales, on fixe les époques des
ventes, et cependant l'histoire est là pour attester que
toute cette législation dégoûtante de sang et consacrant,

dans chacune de ses dispositions, la violation de l'un des droits primitifs les plus sacrés, la violation du droit de propriété, est impuissante pour arrêter le mal, et qu'au contraire, la disette va croissant et devient toujours plus intense.

Il est facile de découvrir la cause de ce phénomène. Pour arrêter les effets d'une disette, il n'y a que deux moyens : il faut ou augmenter la quantité des céréales destinées à la consommation, ou il faut diminuer les besoins de la population.

Augmenter la quantité des céréales formant l'approvisionnement du pays, est ordinairement chose impossible : il faut donc bien que la consommation des céréales diminue ; or, les mesures dont nous venons de parler, ont précisément un résultat tout opposé. Les ventes forcées à prix fixe, les ventes forcées à époques déterminées produisent une sorte d'abondance momentanée qui empêche le prix des céréales de s'élever à un taux proportionné à la quantité de grains mis en réserve ; la consommation ne diminue pas ou ne diminue pas assez, et bientôt la rigueur de la disette se fait sentir avec plus de violence qu'auparavant, parce que les privations deviennent subites et forcées sans passer par aucune gradation ; quelquefois même la disette dégénère en famine, ce qui est encore bien plus terrible. Toutes ces mesures, loin de soulager le peuple, ne font donc qu'aggraver les embarras de sa situation.

Là ne se bornent pas les inconvénients de cette législation ; elle a encore le défaut d'être incessamment variable. En effet, les terres sont tantôt fertiles et tantôt stériles ; des changements sont donc constamment nécessaires sous l'empire de lois de cette espèce ; or, le résultat de l'instabilité de la loi qui régit le commerce extérieur, c'est d'empêcher que des relations commerciales ne s'établissent d'une manière durable avec les pays étrangers, c'est de détruire même celles qui peuvent déjà exister. Pour échapper à la nécessité de faire décréter à chaque instant ces changements, on a imaginé le système du *maximum* et du *minimum*, système dont les combi-

naisons suivent toutes les variations du prix des céréales; nous prouverons dans la suite de cet ouvrage
que cette législation repose sur des bases aussi fausses
que le système prohibitif. Ce peu de mots fait déjà entrevoir toute l'étendue de la matière, nous sommes loin
d'avoir la présomption de composer un traité complet
sur une question qui présente tant de difficultés et sur
laquelle les économistes les plus distingués ne sont pas
encore unanimes.

Nous avons consulté les ouvrages des auteurs les plus
célèbres qui aient écrit sur l'économie politique; nous
croyons utile de les indiquer, pour que ceux qui seraient
désireux d'approfondir cette grave matière, puissent recourir aux sources. Ce sont:

Adam Smith, An inquiry into the nature and causes
of the wealth of nations.

Say J.-B., Traité de l'économie politique.

Ricardo, On the principles of political économy and
taxation.

Torrens R., An essay on the external corntrade.

Jacob W., Tracts relating to the corntrade and cornlaws.

La Parliamentary History aud review.

Puisse cet ouvrage contribuer à éclaircir quelque peu
la question si ardue du commerce des céréales; ce sera
la récompense la plus flatteuse de nos humbles travaux;
elle nous donnera la satisfaction de pouvoir nous dire
que nous avons payé à la patrie une partie de notre dette
de citoyen.

INTRODUCTION.

DU COMMERCE EN GÉNÉRAL.

Le commerce consiste dans l'échange de produits qui représentent une valeur égale en capital. Nous ne parlerons pas ici du commerce de transport, parce que ce commerce n'est qu'un des moyens par lequel les hommes appartenant à des contrées différentes et souvent très-éloignées parviennent à échanger leurs productions.

Donner sans rien recevoir, n'est pas de l'essence du commerce; loin de là son existence repose sur l'égalité de valeur dans les marchandises dont l'échange a lieu : les pays qui ne produisent rien ou qui ne produisent que des choses de peu de prix, ne peuvent donc se livrer aux transactions commerciales.

Le commerce nous fournit ce dont nous avons besoin au prix le plus bas, c'est là un de ses principaux bienfaits. En effet, chacun cherche à se débarrasser des choses dont il peut se passer, il doit par conséquent les offrir à bon marché : toutefois il est indispensable que les marchandises que l'on veut écouler, soient recherchées par ceux avec qui l'on traite, sans cela, le défaut d'intérêt réciproque empêcherait que l'échange n'eût lieu. Le commerce est par conséquent la plus utile de toutes les transactions qui puissent se faire entre les habitants de divers pays, il fait que chacune des parties donne ce qui lui est peu nécessaire, et obtient en retour ce qui eût exigé de grands frais de productions dans l'intérieur du pays. Mais pour que le commerce puisse avoir cet heureux résultat, il faut qu'il jouisse de la plus

grande liberté, car c'est la concurrence seule entre les
vendeurs qui fait que les produits de l'industrie se vendent à bas prix; car c'est la faculté de pouvoir se fournir où l'on veut, qui fait que l'acheteur se procure à
peu de frais les produits les meilleurs et les plus avantageux.

Si le commerce est entravé par des restrictions, il
faut s'attendre à des résultats tout autres. Privés de la
faculté de se pourvoir là où il y a le plus d'avantage,
l'on est dans la nécessité d'acheter des produits moins
bons à un prix souvent très-élevé; en effet, le monopole
assure toujours des acheteurs forcés à tout produit de
première nécessité, quelque mauvaise que soit sa qualité.

Les producteurs soutenus par un privilége n'ont intérêt ni de perfectionner leurs marchandises ni d'en
baisser les prix, car il est bien plus facile, bien plus
commode de s'enrichir aux dépens des consommateurs
que de soutenir une lutte où la palme reste à celui qui
fait le mieux et qui vend le moins cher. Il faut encore
remarquer que les sacrifices forcés que l'on doit faire
pour se procurer des choses de première nécessité, portent une grave atteinte à la prospérité nationale. Il arrive
même très-souvent que les mesures prétenduement protectrices arrêtent le développement d'une industrie qui
se serait forcément perfectionnée au grand avantage du
pays, par les effets d'une concurrence à soutenir contre
des rivaux, et par les nombreux débouchés que donne
la liberté du commerce.

Deux sortes de mesures produisent les funestes résultats que nous venons de signaler : ces mesures sont les
unes directes, les autres indirectes. Par les premières,
le gouvernement détermine d'abord ce qui doit être
produit; et ensuite par qui et comment la production
sera faite. L'odieux que ces réglements font rejaillir sur
leurs auteurs, a été la cause qu'on les a totalement aban-
donnés : aujourd'hui l'on a recours de préférence aux
mesures indirectes, qui, tout en sauvant les apparences,
favorisent cependant certaines productions au grand

détriment des autres industries. Stimuler le zèle des producteurs par des primes, par des faveurs, est chose inutile, et devient même chose injuste quand les faveurs ne se répandent pas également sur toutes les branches de l'industrie nationale.

Les profits que les producteurs espèrent retirer de leurs travaux, et la sûreté des propriétés sont les meilleurs de tous les stimulants : jamais on ne négligera une branche d'industrie qui peut donner des bénéfices, l'intérêt personnel en est un sûr garant; mais si le gouvernement doit prendre des mesures pour entraîner les capitaux dans une industrie, soit en promettant des récompenses, soit en prononçant des prohibitions, l'on peut dire que cette industrie est peu profitable au pays, puisqu'elle ne peut exister par elle-même. L'administration fait en même temps preuve d'une bien forte dose de présomption lorsque, pour stimuler une branche d'industrie, elle accorde des primes, ou défend l'introduction de certains objets. Car elle prétend connaître les produits qui trouvent un débit prompt et facile mieux que le fabricant, qui a pour guide son intérêt particulier; et cependant le gouvernement est toujours un très-mauvais juge dans pareille matière, parce qu'il n'est pas en contact immédiat et nécessaire avec les consommateurs, dont les besoins et les désirs doivent être consultés à chaque instant. Aussi lorsque le gouvernement parvient par des brevets, par des concessions, par un monopole ou enfin par tout autre moyen de ce genre à désigner qui fabriquera certaines marchandises, il arrête la marche progressive de l'industrie soumise au privilége, il rend impossible son développement, et en effet, écarter ou empêcher la concurrence, c'est donner aux producteurs la garantie qu'ils réaliseront des profits assez élevés sans qu'ils aient besoin d'introduire des améliorations.

Là ne se bornent pas les conséquences désastreuses de ces fausses mesures : dès que des permissions, des primes, des restrictions sont nécessaires pour produire tel ou tel objet, une classe entière d'industriels tombe dans la dépendance du gouvernement, l'existence, la fortune de ces personnes sont livrées à la merci des administrateurs ; il y a donc nécessité pour ces citoyens d'embrasser les intérêts de ceux qui, au gré de leur caprice, peuvent arrêter la continuation de leur industrie. Ces producteurs ont donc dans la société des intérêts factices, et comme quelquefois les chefs des États se créent des besoins à part, besoins qui sont loin d'être ceux de la nation, le peuple se trouve divisé en deux partis, et le pays se fait des plaies bien difficiles à cicatriser. Ces concessions, ces octrois sont donc des mesures dangereuses même sous le rapport politique, parce que les mauvais gouvernements s'en font un auxiliaire puissant pour persévérer dans des voies que réprouve l'opinion publique. Il est vrai que tôt ou tard les intérêts nationaux finissent par prévaloir, néanmoins rien n'est plus nuisible à la prospérité publique que de constituer une partie de la nation en hostilité permanente contre le reste du pays, ou d'opposer une classe à toutes les autres ; le peuple finit par croire que les besoins de cette classe, de cette fraction de lui-même, sont contraires aux intérêts généraux, il tâche alors de sortir de l'état de malaise où il se trouve placé, par des moyens qui, d'abord légaux, peuvent devenir violents, lorsque l'on s'obstine à lui refuser justice. C'est dans les moments de crise qu'un gouvernement peu éclairé recueille tous les fruits amers de ces mesures impolitiques, qui ont blessé la nation soit dans ses intérêts les plus chers, soit dans ses opinions. Heureusement ces débats ne sont pas toujours poussés jusqu'à l'extrémité ; cependant, quelle que soit l'issue de ces discussions et de ces luttes, la prospérité publique en souffre toujours beaucoup.

Les gouvernements ont été encore plus loin : il y en a qui ont déterminé les procédés de la production. Ces mesures, heureusement fort rares, arrêtent toute espèce de progrès, compriment l'émulation, et forcent l'industrie à rester stationnaire, car nous savons tous que qui n'avance pas est bien près de rétrograder. Le gouvernement fût-il même plus avancé que le peuple, ne doit jamais prescrire des procédés de fabrication, parce qu'en fait de réglements on ne s'arrête jamais à la limite convenable; c'est d'ailleurs porter une atteinte à la liberté de l'industrie, chose qu'on doit surtout éviter. Il est un moyen sûr de propager la connaissance des bonnes méthodes, des bons procédés, c'est d'instituer des fabriques modèles, c'est de faire connaître par des publications les procédés les meilleurs et d'en conseiller l'adoption.

Ces principes posés, rien n'est plus facile que de déterminer quelles sont les suites des lois restrictives, et des lois de protection : leur première et principale conséquence, c'est de faire produire à grands frais, dans l'intérieur du pays, des marchandises que les étrangers nous eussent fournies à bon marché, résultat funeste qui aurait été évité en laissant les producteurs agir avec pleine liberté.

Cette manie de réglementer a encore engendré le système prohibitif ou mercantil, système qui consiste à exporter les produits nationaux et à n'importer que peu ou point de marchandises étrangères, hormis l'or et l'argent. Dans le temps où ce système était en vigueur, on regardait les métaux précieux comme les seules richesses véritables, on s'imaginait alors que si des lois défendaient l'importation, tout en permettant l'exportation, l'excédant de l'exportation sur l'importation serait payé en or ou en argent. Aujourd'hui, l'on sait enfin que les métaux précieux ne sont pas les seules richesses, et que le commerce n'est que l'échange de deux objets représentant des capitaux égaux; on ne peut, en effet, rien exporter sans importer quelque chose, puisque, sans cela, ce ne serait plus faire le commerce, mais ce serait faire une donation véritable, ce qui n'entre, certes, dans les vues de qui que ce soit.

Mais il y a plus encore : celui qui fait le transport des marchandises, doit être nécessairement rétribué, car, par le transport, il donne plus de valeur aux marchandises, il doit donc recevoir en retour une quantité d'objets plus forte que la valeur primitive qui a été exportée du pays : dans ce cas, le montant de l'importation dépasse le chiffre des valeurs exportées, et évidemment, dans ce résultat, il y a bénéfice pour le négociant et pour son pays, loin d'y avoir perte. Cette simple observation prouve que ce ne sont pas les pays qui exportent le plus qui font les bénéfices les plus considérables, et elle démontre en même temps combien est fausse la base du système mercantile, qui a donné naissance à l'opération connue sous le nom de *balance du commerce*, opération dont le but est de reconnaître si l'exportation surpasse l'importation. On parvient à dresser la balance du commerce en faisant la comparaison de la somme des valeurs exportées avec la somme des valeurs importées, et l'on dit que la *balance* est favorable lorsque l'exportation surpasse l'importation ; en principe, cette balance ne peut présenter des résultats exacts, par la raison que les registres des douanes n'offrent jamais des données certaines à cause de la fraude, qu'il est impossible d'empêcher. A part cette observation, comment ne voit-on pas qu'un pays finirait par se ruiner bientôt, s'il ne faisait que donner sans rien recevoir ? c'est cependant ce qui aurait infailliblement lieu si l'on exportait sans rien importer en compensation. Le résultat sera tout aussi défavorable si les retours ne consistent qu'en numéraire, parce que l'argent perdra bientôt de sa valeur et on sera forcé de l'exporter pour ne pas se placer, sous ce rapport, dans une position désavantageuse vis-à-vis des étrangers. Ainsi, désirer que la balance du commerce soit *favorable*, dans le sens que l'on donne à ce mot, c'est vouloir la ruine du pays, résultat qui est précisément tout le contraire de celui que l'on tâche d'atteindre par toutes ces mesures, qui par conséquent doivent être répudiées par tout homme d'état ami de son pays.

Avant d'aller plus loin, il nous importe de bien déterminer les causes qui ont donné naissance au commerce ; nous pourrons puiser des conséquences utiles dans la constatation de ce fait. Le commerce est né de la division du travail entre les nations, division qui s'est naturellement adaptée aux talents particuliers de chaque peuple, parceque chaque nation choisit la production qu'il trouve la plus convenable à la position, au climat et à la situation du

pays. Les prohibitions arrêtent cette division, et, partant,
le bien-être et la civilisation qui naissent des richesses.
Les prohibitions allument ces haines nationales qui ont
enfanté cette masse de guerres injustes dont l'humanité
n'a eu que trop souvent à gémir.

L'intérêt d'un peuple ne consiste pas à se trouver environné de voisins pauvres, mais il consiste, d'abord, à
être environné de nations riches, et, ensuite, à produire
une grande quantité d'objets avec peu de capital et de
travail. On ne parvient à ce dernier résultat qu'en
s'adonnant à l'industrie pour laquelle on se sent le plus
d'aptitude. En échangeant les produits de cette industrie
contre les fabricats des nations étrangères, qu'il nous serait difficile de mettre dans la circulation au prix dont
les étrangers se contentent, on se procure des choses qui,
produites dans le pays, auraient exigé de plus fortes dépenses. Les peuples qui se trouvent dans cette position,
font donc entre eux un commerce extraordinairement
avantageux, parce qu'ils obtiennent réciproquement à
bas prix ce dont ils ont besoin. Au contraire, si l'importation des productions étrangères est défendue, la
nation est soumise à de grands frais pour produire à
l'intérieur les choses dont elle s'approvisionnait chez
les étrangers, et, à part l'élévation du prix, ces produits
sont encore d'une qualité inférieure.

Le capital entier de la nation détermine la somme de
travail dont on peut disposer, et comme ce capital ne
peut s'augmenter à volonté, il faut, pour produire beaucoup
et à peu de frais, que chaque pays produise les objets pour
lesquels il a le plus d'aptitude. Il faut donc, avant d'entreprendre les fabrications dans lesquelles les étrangers excellent, il faut attendre que les capitaux aient pris un accroissement assez considérable: une autre marche rend
impossibles les progrès de l'industrie, arrête l'essor des
entreprises commerciales, et, en définitif, diminue le nombre d'ouvriers employés; car forcer les indigènes à produire à grands frais ce que les étrangers vendent à bon compte
n'est pas le moyen de soutenir une population nombreuse,
et à supposer même que ces mesures soient favorables à

une classe, il y a toujours injustice de les adopter, puisqu'elles sont nuisibles à tout le reste de la communauté. D'ailleurs, ce triste avantage n'existe même pas, car si, par ce moyen, quelques fabricants s'enrichissent, ce n'est encore que dans les commencements que ces fortunes rapides et considérables ont lieu ; en effet, les profits extraordinaires que cette production spéciale fait obtenir. engagent des capitaux nombreux dans cette branche et la concurrence réduit bientôt le taux des profits même au dessous du niveau général, chose qui n'arrive pas lorsque le commerce jouit de la liberté, parce que la demande des produits de l'industrie va en augmentant avec l'accroissement des capitaux, et empêche les prix de baisser au dessous de leur niveau naturel. D'un autre côté, défendre l'importation, c'est se fermer une foule de débouchés, parce que les étrangers qui nous vendent les articles qui nous auraient contraints à de grandes dépenses, prennent forcément, en retour, les productions du pays. Ainsi, fabriquer des objets qui nous coûtent plus qu'aux autres nations, c'est, par conséquent, s'interdire l'exportation de ces produits, c'est circonscrire dans les limites du pays le marché ouvert à nos fabricats.

Dans certaines circonstances, on a voulu assurer à l'intérieur le bas prix de quelques objets. Pour y parvenir, au lieu de chercher à enrichir le peuple et de le mettre ainsi à même de se procurer ces produits, on a défendu l'exportation de ces objets ; une baisse momentanée est le résultat forcé de cette mesure, mais l'intérêt personnel fait bientôt diminuer graduellement la production d'un article qui, primitivement, était une source de richesses pour le pays, ce produit devient rare et sa rareté le fait naturellement remonter à son ancien prix.

L'exportation de ces articles procurait, en outre, d'autres fabricats utiles, dont on est forcé de se priver à moins de les payer plus cher. Une mesure de cette nature, loin d'améliorer la condition du peuple, ne fait donc que la rendre plus intolérable, elle réduit à la misère une population tout en voulant la favoriser et elle lui fait faire un pas en arrière dans la civilisation.

La liberté des exportations fait que des fabrications languissantes se perfectionnent rapidement par l'introduction des procédés nouveaux ; la concurrence diminue les prix et la nation peut se procurer tout ce dont elle a besoin à peu de frais. Au moins si le prix reste à l'ancien taux, l'aisance qui se répand partout, rend supportable un prix que la défense d'exporter et ses suites font trouver trop élevé.

Toutes ces lois restrictives ne sont donc temporairement protectrices pour quelques-uns qu'aux dépens d'une foule d'autres industriels. On a cependant essayé de défendre ce système vicieux, en disant que ces dispositions, empêchant la sortie des matières premières, font le plus grand bien à l'industrie du pays : cette considération est sans valeur aucune ; en effet, les matières premières sont des produits achevés représentant une portion donnée de travail et de capital ; ainsi faciliter l'échange de ces produits contre les fabricats étrangers, c'est doter le pays des moyens de continuer avec le plus de profit son genre de production particulier. Ce qui est digne surtout de remarque, c'est que ce commerce des matières premières est surtout avantageux aux peuples peu avancés : ces nations parviennent, par ce moyen, à accumuler très-promptement des capitaux, parce que, dans ces pays, on n'est pas forcé de recourir à des terres d'aussi mauvaise qualité que dans les contrées où déjà existe l'industrie manufacturière, et de là il résulte que les terres ne paient pas de fermage ou ne paient qu'un fermage fort faible, circonstance qui met les pays peu avancés dans une position très-favorable pour la production des matières premières.

Que si un pays n'a pas des produits qu'il puisse fournir à meilleur marché que les autres nations, des lois prohibitives sont entièrement inutiles ; en effet, ce pays, ne possédant pas de marchandises produites à moins de frais que chez ses voisins, ne peut faire le commerce, parce que personne n'a intérêt de traiter avec lui.

Mais s'il arrive que les autres peuples s'entourent de barrières, ne faut-il pas, par une juste réciprocité, adopter un système de représailles ?

Nous ne le pensons pas. Les nations étrangères nous feront, sans aucun doute, beaucoup de tort par l'admission du système prohibitif, mais il ne faut pas croire que notre position soit, pour cela, la plus défavorable : ces nations se feront encore plus de mal à elles-mêmes qu'à nous ; car, outre les conséquences funestes qui résultent généralement de semblables mesures, ces États auront encore des frais énormes à supporter pour faire exécuter ces lois restrictives, d'une manière fort imparfaite. De notre côté, il est inutile d'opposer des lignes de douanes aux produits venant de ces pays, par la raison que le commerce ne consiste qu'en échanges et que si l'on ne veut d'aucun de nos produits, il n'y aura pas d'échange, et ainsi pas de commerce.

Cependant, lorsque la production est imposée chez nous, nous devons charger d'un droit équivalant les objets étrangers, pour ne pas placer l'industrie nationale dans une condition défavorable.

C'est donc en jouissant de la liberté la plus large que le commerce peut enrichir les nations. Dans les pays où le système prohibitif existe, on doit en revenir peu à peu ; car faire passer brusquement les capitaux d'une industrie dans une autre, c'est en perdre la plus grande partie ; et puis, d'ailleurs, une marche lente et sage donne aux ouvriers le temps d'apprendre un autre métier, tout en permettant d'introduire des améliorations dans l'industrie protégée par les douanes, si toutefois elle est capable de faire des progrès.

Si des prohibitions peuvent faire revenir les autres nations à un système plus libéral, on peut employer ce remède extrême, mais il faut n'en faire usage que pendant un terme très-court. Le motif ordinaire que l'on allègue comme nécessitant la prohibition des marchandises étrangères, c'est la protection dont on doit entourer une industrie naissante ; dans ce cas, cette mesure peut incontestablement être bonne pour un temps, malheureusement on rend presque toujours la prohibition perpétuelle. Quant à nous, il nous paraît qu'il vaudrait mieux soutenir une industrie naissante par des

primes d'encouragement, plutôt que par une prohibition :
les primes ont le double avantage de ne pas forcer à
dévier du système de liberté générale, et de favoriser les entrepreneurs autant qu'ils méritent de l'être,
suivant l'importance de l'industrie à laquelle ils s'adonnent; le gouvernement peut même, lorsque le peuple est
encore dans l'enfance, faire des réglements utiles, mais,
dans cette matière, il doit surtout se montrer d'une grande
sobriété et il doit principalement tâcher de répandre l'instruction dans les masses. Au reste toutes ces situations ne
sont que des exceptions, la règle générale est la liberté,
c'est vers elle que doivent tendre tous les efforts des
gouvernements; parce que doter le commerce de la liberté
la plus complète, c'est le moyen de procurer aux hommes
la plus grande somme de jouissances avec peu de travail
et de capital, parce que c'est le seul moyen de répandre
promptement l'aisance dans les diverses classes de la société et de leur faire faire des progrès rapides dans la
voie de la civilisation, par l'étude des sciences, étude
qui exige des loisirs que les richesses seules peuvent
procurer.

Nous n'insisterons pas davantage sur ces principes;
cette courte analyse suffit pour l'intelligence du sujet que
nous voulons traiter.

CONSIDÉRATIONS

SUR LE

COMMERCE DES CÉRÉALES.

CHAPITRE PREMIER.

DU COMMERCE INTÉRIEUR DES CÉRÉALES.

Nous venons de reconnaître que le commerce, pour doter un pays de tous les avantages dont il est la source immédiate, doit être affranchi de toute espèce d'entraves.

Ce même principe large et fécond dans ses conséquences, doit-il être appliqué au commerce des céréales, ou bien doit-on prendre à son égard des mesures restrictives?

Cette grave question a été vivement débattue; le choc des intérêts publics et privés a jeté les passions dans la discussion : aussi jamais ou presque jamais cet important sujet n'a été examiné avec calme et sans préoccupation. Des objections de plusieurs espèces ont été faites contre la liberté du commerce des grains; nous ne nous attacherons pas ici à réfuter ces arguments banals qu'on fait contre toute espèce d'innovation, parce que des ob-

jections de cette nature ne méritent pas de réponse : repousser, par exemple, les théories, parce qu'elles sont
nouvelles, sans aucun motif sérieux, les repousser parce
qu'elles blessent nos intérêts privés, c'est agir comme un
maître qui dirait à un esclave : Reste dans la servitude,
ton père y est mort : défendu à toi de soupirer après la
liberté! l'absurdité d'un pareil langage est palpable, et
cependant on raisonne bien souvent de la sorte, tant
est épais le bandeau que l'intérêt privé place sur nos
yeux !

Avant d'entrer dans le cœur de la question, nous note-
rons d'abord qu'il existe une présomption favorable pour
l'admission en principe de la liberté entière du commerce
des grains; nous avons, en effet constaté que la liberté
est la règle générale pour toute autre espèce de commerce, il faudrait donc, pour qu'il en fût autrement
pour le commerce des céréales, que de sa nature ce
commerce fût soumis à des lois tellement particulières,
qu'elles le rendissent tout différent des autres branches
de l'industrie commerciale. Nous avons donc maintenant
à rechercher si des principes différents régissent le commerce des subsistances, nous allons commencer notre
examen par le commerce intérieur.

Depuis que les diverses provinces d'un même royaume
ne constituent plus de petits états séparés, n'ayant de
commun entre eux qu'un même chef, et que par suite les
idées de communauté se sont répandues, toutes les dif-
férences de localité se sont déjà effacées ou tendent à s'ef-
facer. L'anéantissement de ces anciennes constitutions
provinciales consacrées par le temps et les habitudes, a
introduit la liberté du commerce entre les différentes
parties d'un même pays et a fait disparaître les corpo-
rations qui s'opposaient au libre exercice des professions
industrielles.

Ce principe d'entière liberté doit aussi être admis en
faveur du commerce intérieur des céréales.

La justice, d'abord, exige qu'il en soit ainsi : les membres d'un même état supportent le fardeau des charges
publiques imposées dans l'intérêt commun, ils doivent

donc jouir de la plus grande latitude dans leurs relations. Mais ce motif n'est pas le seul; le bien-être du pays rend encore cette mesure nécessaire. L'expérience n'apprend-elle pas, en effet, que toutes les années ne sont pas également fertiles et que quand il y a abondance d'un côté, il y a stérilité d'un autre : cette différence qui se fait sentir d'une année à l'autre entre les récoltes provient des variations de la température atmosphérique et de la diversité de situation qui existe entre les terres arables d'une même contrée.

Un pays de quelqu'étendue ne jouit pas en même temps, sur tous les points, d'une température uniforme; sous ce rapport, il éprouve constamment des variations, parce que la température n'est jamais ou presque jamais la même plusieurs années de suite. Une contrée n'a pas non plus, dans toutes ses parties, des terres d'une égale fertilité et d'une même situation : le sol est bas dans un canton, il est élevé dans un autre; ici il est humide, plus loin il est sec. Ces divers accidents de terrain font que l'année qui sera favorable à une partie sera défavorable à une autre : la température sèche nuira aux terrains élevés, tandis qu'elle sera fort avantageuse aux terrains bas et humides; d'un côté, il y aura disette, et de l'autre, il y aura abondance. Les cantons favorisés d'une riche moisson viendront au secours des autres, et ce sera un bien pour tous; car les districts dont les terres sont aujourd'hui stériles, auront aussi des récoltes abondantes, et à leur tour ils aideront les provinces qui les ont secourus dans les années de disette. Le commerce intérieur des céréales doit donc jouir de la liberté la plus entière : c'est le moyen d'éviter les famines et leurs conséquences désastreuses. Cette mutualité de secours entre les diverses parties d'un même pays, fait que les habitants se lient d'une manière intime et que l'esprit national jette dans les âmes des racines plus profondes et plus fortes.

L'industrie des marchands de grains doit aussi rester complètement libre, et il est facile de le démontrer. L'intérêt du peuple exige que dans une année de disette la quantité de grain qui se trouve dans le pays, soit répartie avec tant d'exactitude, qu'elle dure jusqu'à la récolte prochaine, car si le grain était consommé dès le commencement, la disette se changerait en famine et un grand nombre d'individus périrait de besoin. L'intérêt du pays se confond sous ce rapport avec celui du marchand de grains, et cela est si vrai que c'est l'industrie du marchand de grains qui empêche qu'une disette ne se change en une famine; nous allons le démontrer.

Le marchand de grains fait ses bénéfices en vendant le plus cher possible; pour arriver à ce résultat, il achette le blé quand il est encore à bon marché; ces achats font hausser le prix du grain et forcent par conséquent le peuple à diminuer sa consommation en céréales et à se nourrir d'autres aliments. Une certaine quantité de grain échappe ainsi à une consommation immédiate; ce grain est mis en réserve et sauve la population des horreurs d'une famine. Il ne faut pas s'imaginer que le marchand vendra ses denrées au dessus du prix résultant du cours naturel des choses; la raison en est simple : un prix élevé hors de toute proportion fera diminuer la consommation d'une manière trop forte; or, ce résultat est directement contraire aux intérêts du marchand, car, en retardant un peu trop le moment de la vente, il court la chance de perdre beaucoup par l'arrivée d'une récolte nouvelle abondante, sans compter qu'il s'expose encore à subir des pertes bien fortes, d'abord par le déchet que le grain éprouve naturellement, et ensuite par une masse d'autres causes, telles que par des soustractions. Conserver les céréales trop longtemps dans les magasins, c'est donc se mettre dans la nécessité de devoir les vendre à bas prix; d'un autre côté, ne pas élever le prix de la denrée à toute sa hauteur, c'est perdre un bénéfice considérable. Le peuple, lui-même, se trouve mal, en définitif, de la négligence que le marchand met à soigner ses intérêts particuliers, parce que le prix des céréales n'étant pas porté à toute sa hauteur, la consommation ne diminue pas assez : ce qui fait que la disette agit avec d'autant plus de force à la fin de l'année, événement qui n'est guères à craindre lorsque l'industrie du marchand de grains reste libre d'entraves; car on désire, en réalité, vendre ses denrées à un prix élevé, et on ne les cède à bas prix que quand il y a nécessité.

Si le marchand tient les céréales à un prix trop haut, il ne fera que fort peu de mal à la population. La consommation des grains devra, sans doute, diminuer un peu plus qu'il n'est rigoureusement nécessaire, et le peuple devra se nourrir d'autres aliments, mais cet inconvénient ne sera que de fort courte durée. En effet, le marchand sera puni de son avidité, d'abord par la diminution que les céréales éprouvent naturellement, et ensuite par la nécessité que lui imposera la récolte nouvelle de vendre au dessous du prix qu'il aurait pu obtenir, s'il n'avait exagéré ses prétentions. L'intérêt du peuple et du marchand sont donc identiques: par la raison que l'approvisionnement en blé existant dans le pays doit durer jusqu'à la récolte prochaine et que le moyen d'arriver à ce résultat est de diminuer la consommation, ce qui ne peut avoir lieu que par l'élévation du prix de cette denrée.

Le commerce du marchand de grains empêche encore qu'il n'y ait des variations trop brusques dans le prix des céréales, chose qui est de la plus haute importance : le marchand, instruit par l'expérience que des années stériles succèdent presque périodiquement à des années fertiles, prévoit facilement le retour des disettes; lorsque ses calculs lui font croire que l'année qui s'avance sera peu abondante, il fait des achats quand le grain est encore à bon marché, mais il ne dépose dans ses magasins que la quantité absolument nécessaire, parce que cette denrée est sujette à se gâter. Le fermier ne peut se charger de tous ces détails; ses talents se bornent à faire produire, par les terres qu'il cultive, une quantité de blé suffisante pour entretenir la nation par année moyenne. Il faut une spécialité pour le commerce des céréales ; les connaissances que possède le marchand de grains, font qu'il ne garde pas trop longtemps les céréales dans ses magasins, sans cependant les livrer trop tôt à la consommation, parce que, dans l'un et l'autre cas, il ferait des pertes qu'il est de son intérêt d'éviter. Pour faire ce commerce avec quelque fruit, il faut des achats considérables, il faut de vastes magasins. Un seul homme n'a pas souvent assez de fortune pour se charger de tous les frais d'une entreprise aussi importante; des associations deviennent alors nécessaires. Nous ferons remarquer maintenant, en passant, que la nécessité d'associations est le plus sûr préservatif contre les accaparements, qui ne peuvent jamais provenir que d'un très-petit nombre de riches capitalistes; l'expérience atteste d'ailleurs que de nouvelles sociétés se forment continuellement dans le but de lutter contre celles qui les ont précédées dans la carrière.

Pour couvrir toutes les dépenses que nécessite ce genre de commerce, de grands capitaux sont nécessaires; mais personne ne consentira à faire des avances aussi fortes sans avoir la certitude que les profits qu'il peut espérer de ce genre d'opérations, ne lui seront pas ravis par l'effet de dispositions législatives de salut public. Cette certitude ne peut évidemment se trouver que dans la liberté stable dont on laissera jouir ce genre de commerce, que dans la sécurité dont le pouvoir entourera ce genre de spéculation, car rien n'arrête l'élan de l'industrie comme les oscillations dans le système des lois.

Le commerce intérieur des céréales est d'une utilité bien supérieure à celle des greniers publics; pour l'établissement et pour l'administration de pareilles institutions, il faut, d'abord, faire de grandes dépenses, et ensuite, quelqu'active que soit la surveillance du gouvernement, il ne peut empêcher la dilapidation des denrées; d'un autre côté, ces greniers ne peuvent être établis que dans quelques localités, circonstance qui fait sentir combien cette mesure est de sa nature incomplète. Les préposés ne donnent pas non plus tant de soins à la bonne direction des magasins que les simples entrepreneurs, qui déploient une vigilance de tous les instants pour leur commerce; la raison en est palpable: *l'intérêt privé n'agit pas sur les employés.* Enfin, l'expérience a prouvé que les greniers publics n'ont jamais atteints le but de leur institution: il arrive toujours que l'on distribue le grain trop tôt ou à trop bon compte; dans l'un et l'autre cas, au lieu de diminuer les maux de la disette, on les aggrave, parce que la consommation n'est pas mise en rapport avec la quantité de grain qui se trouve disponible. Les greniers particuliers couvrent, eux, toute la surface du pays; ils répandent partout le grain en proportion exacte des approvisionnements; les fraudes deviennent impossibles, parce que les intéressés veillent par eux-mêmes.

Cependant, ces magasins sont toujours vus de mauvais œil par les populations ignorantes, qui, dans leur aveuglement, attribuent la disette non à la saison, mais aux marchands, que l'on désigne sous le nom d'*accapareurs*.

⸺●⸺

§ PREMIER.

Des accaparements.

Supposer que l'accaparement des céréales est chose possible, c'est, à notre avis, tomber dans une erreur capitale, et cette erreur consiste en ce que l'on confond le commerce du marchand de grains, commerce qui est soumis à toutes les chances de la concurrence la plus large, avec les branches d'industrie qui jouissent d'un *monopole*.

Le code pénal de 1810, dans ses articles 419 et 420, a comminé des peines contre ceux que la législation révolutionnaire qualifiait d'*accapareurs*. Ce mot ne se trouve plus dans le code criminel; cependant l'idée qui a servi de base à ces dispositions, est la même que celle qui a dicté les dispositions sanglantes des lois de la république. Sans aucun doute, des *compagnies privilégiées* peuvent, par leurs combinaisons, élever le prix d'une marchandise; mais il est de toute impossibilité qu'il en soit de même pour une denrée d'une consommation universelle, denrée dont le commerce est permis à tous. En effet, pour accaparer les céréales, c'est-à-dire pour les retirer de la circulation et les tenir en réserve, il faudrait disposer de capitaux énormes, incalculables même, à part la circonstance que rien n'est si difficile à transporter que le grain, et que rien n'est si difficile à conserver.

Abstraction faite de ces obstacles, que l'on peut appeler insurmontables, il faudrait encore qu'une infinité de personnes, éparses dans toutes les localités du pays, se concertassent entre elles pour agir comme un seul homme: ces personnes devraient, nécessairement, s'obliger à ne vendre qu'à un prix convenu et à des époques fixées. Les fermiers, les marchands de grains, les boulangers, habitant chacun des localités diverses, devraient être tous d'intelligence, et ne suivre qu'une même impulsion; il est impossible qu'un grand nombre d'individus qui sont éloignés les uns des autres, qui ne se connaissent même pas, parviennent jamais à s'unir dans un but commun : car, que l'un de ces innombrables détenteurs de céréales s'aperçoive qu'il a trop de grain en magasin, il se hâtera de vendre, loin d'être disposé à supporter une perte, quelque minime qu'elle soit, pour avantager les autres marchands! Et d'ailleurs, ne voyons-nous pas tous les jours que les plans les mieux combinés, et arrêtés entre quelques hommes seulement, finissent toujours par avorter!

Nous irons plus loin, nous admettrons la possibilité d'une coalition entre tous les détenteurs des céréales, nous admettrons que chacun d'eux veuille perdre, dans l'intérêt commun, une partie de ce qu'il possède, et nous dirons encore que dans cette hypothèse, tout invraisemblable, tout impossible, l'appât du gain, la concurrence fera que d'autres spéculateurs engageront leurs capitaux dans cette même industrie, et que si même ces nouveaux marchands se réunissaient aux anciens, le désir de recueillir des profits extraordinaires porterait d'autres capitalistes à essayer de lutter contre ceux qui les ont devancés dans ce genre de spéculations.

Le combat se renouvellera donc à chaque instant, et, par une conséquence forcée, ces combinaisons nuisibles au bien général, finiront par s'anéantir d'elles-mêmes. Une dernière observation va prouver de plus fort que la formation de semblables coalitions est impossible. Le commerçant doit au consommateur les bénéfices qu'il retire de ses opérations ; ne pas augmenter les moyens du consommateur et cependant hausser le prix d'une chose de première nécessité, c'est virtuellement forcer la baisse de toutes les autres marchandises, puisque les détenteurs de ces autres marchandises, obligés eux-mêmes de se pourvoir de la denrée de première nécessité, se verront contraints de réduire le prix de leurs marchandises pour trouver des acheteurs ; ainsi, en admettant que le consommateur, paie un prix plus élevé pour les céréales, il donnera, d'un autre côté, un prix inférieur pour tous les autres objets de consommation : cette loi de réaction mutuelle des produits de l'industrie les uns sur les autres, fait que tout se contrebalance, et que l'équilibre se rétablit forcément.

On a souvent accusé les marchands de céréales d'être animés du désir de faire régner la disette ou la famine pour vendre chèrement les grains entassés dans leurs magasins ; on a dit que c'était pour cette seule et unique raison qu'ils refusaient de vendre à des époques où le prix des blés n'est pas encore arrivé à toute son élévation probable. Ce reproche est sans fondement aucun. Tout négociant cherche à vendre ses produits le mieux qu'il peut, c'est chose incontestable ; mais ce n'est pas ce désir, commun à tous les commerçants, qui est la cause unique, principale et directe du fait de la conservation des céréales dans les magasins des marchands de grains : ces spéculateurs conservent, en réalité, les céréales parce qu'il y en a trop peu dans le pays ; ils agissent, sans doute, ainsi dans des vues d'intérêt personnel, mais l'intérêt de ces industriels se confond heureusement dans les résultats avec l'intérêt public, nous l'avons prouvé; en effet, pour éviter la cherté qui provient d'une stérilité, il n'y a qu'un seul moyen, c'est d'augmenter la quantité des céréales destinées à la consommation, or c'est ce qui n'est au pouvoir de personne, il faut donc ménager avec tant de soin l'approvisionnement du pays, qu'il dure jusqu'à la récolte nouvelle.

La force des circonstances, leur cours libre et naturel rend donc les accaparements des céréales impossibles, et si le commerce extérieur des grains est libre, nous dirons même que c'est chose absurde que de parler d'accaparement, parce que des envois arrivent ou peuvent arriver à chaque instant dans le pays, et, à coup sûr, il est de toute impossibilité de s'approprier les céréales qui viennent de toutes les contrées et qui entrent à la fois par tous les points d'un royaume.

La cherté des céréales est, sans aucun doute, un mal; cependant la cherté est un bien tant qu'il y a disette, parce qu'elle parvient à proportionner la consommation à la masse de grain destinée à l'entretien du peuple pendant l'année. A bord d'un vaisseau, où les vivres commencent à manquer, le chef doit employer son autorité pour obliger l'équipage à se contenter de rations plus petites; dans une contrée menacée d'une famine, l'autorité, à moins de devenir tyrannique, ne peut rien sur les habitudes intérieures pour diminuer la consommation des céréales; l'élévation successive des prix remplace efficacement l'action du pouvoir, et arrête l'activité de la consommation, qu'il serait sans cela impossible de diminuer. Ainsi, prendre des mesures législatives pour forcer à vendre au-dessous du prix auquel le cours naturel des choses fait monter les céréales, c'est d'abord commettre une injustice envers les détenteurs de grains; c'est ensuite faire dégénérer, par la consommation trop rapide de l'approvisionnement, la disette en famine pour la fin de l'année.

Les marchands de grains, en retirant de la circulation, pour un bas prix, les céréales dont on peut se passer afin de les revendre plus tard à un prix plus élevé, font par suite un commerce de réserve utile, non seulement à leurs intérêts particuliers, mais encore à l'intérêt réel de la nation.

Les opérations du marchand de grains sont encore très-favorables à l'agriculture : le fermier reçoit de ces spéculateurs, sans aucune espèce de retard , le prix des céréales qui leur sont vendues ; le fermier peut ainsi employer immédiatement ses capitaux à des travaux nouveaux , il peut même donner de l'extension à son exploitation. D'autres fois, le marchand de grains remet au cultivateur avec qui il traite, le prix des céréales avant leur livraison ; cette avance met le fermier à même de perfectionner les procédés et d'introduire des améliorations que le défaut d'un peu d'aisance ne lui aurait jamais permis d'adopter. Pour assurer sérieusement un écoulement prompt et constant aux produits agricoles, il suffit de laisser libre de toutes entraves, de toutes vexations le commerce du marchand de grains, car on achette des céréales par prévision de disette soit dans la contrée, soit dans d'autres pays ; le sort du fermier s'améliore sensiblement par cet état de choses, il jouit de plus d'indépendance à l'égard du propriétaire ; les prix des céréales deviennent plus constants , et les fermages prennent une assiette plus fixe. Il y a dans ces relations mutuelles avantage pour tous, car plus les capitaux qui sont engagés dans ce genre de commerce sont considérables, plus le propriétaire est assuré du fermage, le fermier, d'opérer ses rentrées , et le consommateur , de payer le grain au prix le moins haut.

§ DEUXIÈME.

De la taxe du pain.

Il ne nous paraît pas inutile de dire quelques mots sur l'usage encore en vigueur de fixer par arrêté le prix du pain. Cet usage, qui repose évidemment sur une erreur grave, existe non seulement dans notre Belgique, mais encore dans beaucoup d'autres pays de l'Europe, tels que la France, la Suisse.

La loi du 19-22 juillet 1791, art. 50, confie aux administrations municipales le droit de taxer le prix du pain et de la viande de boucherie. Cette disposition ne reçoit plus aucune application en ce qui concerne la viande de boucherie, on a senti sans aucun doute l'inutilité de cette mesure. Le législateur de 1791 a été évidemment dominé par la pensée qu'il était au pouvoir de l'administration de diminuer à volonté le prix des céréales; d'un autre côté, il a considéré ce droit comme un moyen d'éviter les émeutes et d'empêcher tout concert frauduleux entre les boulangers. Or, rien n'est plus faux que cette manière de voir.

L'administration n'a pas le droit de dire à un négociant: *vous vendrez vos produits à tel prix*, à moins que l'on ne consacre en principe la violation du droit de propriété.

Il est certainement du devoir de l'administration de prévenir, d'arrêter les émeutes, mais le moyen le plus efficace d'arriver à ce résultat est d'éclairer les masses et de favoriser les progrès de l'industrie. Il faut toujours s'abstenir de se mêler d'une chose qui, en définitif, peut exciter le mécontentement et du côté des habitants et du côté des boulangers, parce que les uns et les autres peuvent supposer qu'il y a dans la conduite de l'administration partialité en faveur de l'une des parties.

Déterminer le prix du pain est d'ailleurs l'opération la plus inutile que l'on puisse imaginer, si dans cette estimation l'on suit exactement les fluctuations du prix des grains. En effet, sans réglement aucun, le pain se vendrait à ce taux; mais si l'on veut par ce moyen faire payer le pain au-dessous du prix naturel, c'est commettre une injustice criante, parce que c'est imposer une perte forcée à une classe d'industriels au profit du consommateur, et comme personne ne supporte volontairement une perte, les boulangers, pour obtenir un renchérissement, diminueront la quantité de pain qu'ils livrent à la con-

sommation, ou ils fourniront du pain d'une qualité inférieure.

Si cette méthode est bonne, pourquoi ne pas l'appliquer
aux autres marchandises, aux fabricats de laine, par
exemple? admettre une différence sous ce rapport, n'est-
ce pas reconnaître que le système ne vaut rien?

La preuve que la pratique suivie aujourd'hui est mauvaise. c'est que le prix du pain est déterminé, d'abord, par
le besoin que l'on éprouve de ce produit, et ensuite, par la
quantité de blé destinée à la consommation. Pour baisser
le prix de ce comestible d'une manière réelle, il faut donc
ou augmenter la quantité des céréales, ou diminuer les
besoins des consommateurs : il n'y a que ces deux moyens
qui puissent occasionner une baisse véritable; malheureusement aucun d'eux n'est à la disposition de l'administration, elle doit donc abandonner les choses à leur
cours naturel. La cherté des céréales peut seule diminuer
la consommation de cette denrée et la proportionner à la
quantité de blé qui se trouve en réserve.

Une responsabilité terrible pèse donc sur les administrateurs qui, dans un temps de disette surtout, se
chargent de fixer le prix du pain; ils exposent le pays à
bien des malheurs, en portant les classes ignorantes à
croire qu'il dépend d'un arrêté de faire baisser le prix
des céréales? La disette paraît au peuple le résultat de
spéculations criminelles. Cette idée, qui est cependant
de la fausseté la plus complète, ne peut-elle pas occasionner des excès coupables, ne peut-elle pas produire et
n'a-t-elle pas produit des maux affreux? Il faut que les
masses sachent que la disette ne peut naître que du
manque de céréales, puisque la concurrence tend essentiellement à faire conduire au marché autant de blé
que possible. Il faut que les masses sachent qu'il n'est
pas au pouvoir de l'administration de faire vendre le
grain à bas prix.

Que si le prix du pain est baissé pour contenter le
peuple, par crainte de l'aveuglement dans lequel il a
été entretenu, des pertes énormes retombent alors sur
une classe qui n'est ni la cause prochaine ni la cause

éloignée des embarras existants, et ce qu'il y a de pis,
c'est que la disette dégénère en famine ou tout au moins
gagne plus d'intensité, parce que la consommation n'a
pas été assez diminuée, proportion gardée avec les approvisionnements existant dans le pays. On ne veut,
dit-on, qu'un prix équitable, mais qui ne voit que la
fixation du prix par arrêté empêche la concurrence entre les boulangers, parce que en présence d'un pareil
arrêté, aucun d'entr'eux n'a intérêt à diminuer le
prix du pain; et, en effet, il n'y a que deux hypothèses
possibles : ou ce prix est trop élevé, ou il est exactement ce qu'il doit être; nous ne parlerons pas du cas
où le prix serait trop bas, nous nous en sommes déjà
occupés. Fixer le prix du pain au-dessus du taux naturel, c'est commettre une injustice, c'est favoriser le
producteur au grand détriment du consommateur, et
cependant, on ne doit pas accorder de préférence à l'un
plutôt qu'à l'autre. Placés dans une position si avantageuse, les boulangers se garderont bien de diminuer les
prix, car cet arrêté, en déterminant le prix du pain, ôte
au consommateur l'espoir de trouver ce comestible à
meilleur marché chez l'un de ces producteurs plutôt que
chez l'autre; que si, dans cette hypothèse, la concurrence faisait baisser le prix au-dessous de ce prix, l'administration serait constituée en faute par ce seul fait, elle
serait signalée comme ennemie du bien public, sa
popularité serait perdue, et quand l'administration pren-
drait d'autres mesures utiles, on ne lui en saurait que
bien peu de gré, parce qu'il est bien difficile de regagner
la confiance du public une fois qu'on l'a perdue. L'administration doit donc s'abstenir de s'immiscer dans une
matière si délicate, les consommateurs ne sont pas des
enfants que l'on peut craindre de voir pris pour dupes;
tous les soins de l'administration doivent se borner à empêcher que l'on ne mêle de substances nuisibles au pain,
et à forcer les boulangers à l'observation des ordonnan-
ces sur les poids et mesures.

Que si le prix est exactement proportionné au cours
de la marchandise, c'est un soin inutile que de faire la

taxe, car le pain se vendra naturellement à ce prix; les administrateurs ont assez de besogne sans se surcharger d'occupations inutiles.

L'usage de fixer le prix du pain peut non-seulement répandre la croyance que la disette est le résultat des fautes de l'administration, mais il empêche encore que les procédés de fabrication ne deviennent meilleurs et plus prompts, parce que les boulangers ne sont pas stimulés par la crainte d'une concurrence; en effet, la taxe se réglant sur les frais nécessités par les procédés ordinaires, garantit à ces industriels des profits certains sans qu'ils aient besoin de sortir de l'ornière. Pour prendre une base différente dans la confection de la taxe, il faudrait forcer les producteurs à adopter les procédés nouveaux, or ce serait tomber dans l'arbitraire, chose dont le gouvernement doit toujours se garder.

On oppose généralement à ce système que les boulangers peuvent former des cabales qu'il importe d'éviter : cette circonstance ne peut d'abord être signalée que comme une éventualité fort incertaine; or, une hypothèse qui n'aura peut-être jamais d'existence, peut-elle légitimer des mesures qu'on doit reconnaître n'être pas utiles par elles-mêmes dans toutes les circonstances? Il ne peut y avoir, pensons-nous, qu'un avis sur une question ainsi posée : si la mesure est réellement bonne, pourquoi ne pas prévenir de la même manière les cabales possibles des bouchers et de tous les autres marchands, surtout de ces fabricants qui, n'étant qu'en petit nombre, peuvent plus facilement s'entendre que les autres industriels! On n'a pas poussé si loin la prévoyance, nous ignorons la raison de cette différence de conduite : craindrait-on davantage de la part des boulangers? Aucun motif réel ne se présente pour justifier cette crainte; la concurrence existe pour cette industrie, puisque tout le monde peut s'y livrer: si les boulangers faisaient des gains extraordinaires, bientôt d'autres individus se jetteraient dans cette branche d'industrie, et les nouveaux venus, entrant dans la lice, rompraient aussitôt le concert qui pourrait exister entre les anciens producteurs, concert dont l'existence est d'ailleurs impossible par le grand nombre de boulangers, par la différence d'intérêts entre les grands et les petits industriels du même état, enfin par l'envie, qui ordinairement ronge les hommes dans toutes les conditions. La volonté privée n'a pas, d'ailleurs, assez de force pour pouvoir élever arbitrairement le prix des denrées, il faudrait pour cela qu'on pût empêcher les consommateurs d'aller se pourvoir ailleurs et les forcer ainsi à acheter à tout prix : mais les boulangers ne jouissent pas d'un monopole, ils devraient hasarder tout leur avoir dans l'espérance de faire un profit incertain, profit qu'ils ne peuvent jamais obtenir par les obstacles insurmontables que présentent le déchet naturel du pain, la concurrence et les lois. A notre avis, cet usage doit donc être abandonné comme dangereux et comme inutile.

CHAPITRE II.

DU COMMERCE D'EXPORTATION DES GRAINS.

On regarde souvent l'exportation des grains comme nuisible au pays qui la permet; nous allons tâcher de prouver que ce commerce, loin de nuire, est au contraire favorable à la prospérité du peuple exportateur.

Et d'abord qu'arriverait-il dans un pays essentiellement agricole, si l'exportation des blés était défendue? Évidemment, les agriculteurs auraient soin de ne produire que la quantité de grain qui, année moyenne, suffit pour nourrir la population : une quantité supérieure ne peut trouver de débit, il y a donc nécessité de ne produire que le strict nécessaire, parce qu'il serait, sans cela, impossible aux cultivateurs de faire les profits ordinaires sur les capitaux employés à la culture des terres. Ainsi, pour peu que l'année soit défavorable, le pays est exposé à une famine, fléau qui est d'autant plus redoutable que le prix du grain est beaucoup plus bas dans une contrée agricole que dans les autres pays ; le prix des céréales devra donc monter à un taux fort élevé, avant que les habitants d'un pays agricole puissent espérer de recevoir le moindre soulagement des étrangers, car ce prix doit couvrir non seulement les frais de transport, mais encore le prix ordinaire que les étrangers paient pour les grains. Cette augmentation sera peut-être de 30, 50 %. On peut maintenant se faire une idée de la situation horrible dans laquelle la défense d'exportation plongerait, en cas de disette, un pays agricole. Les contrées soumises à cette législation sont donc plus exposées que les autres aux suites funestes des irrégularités des saisons, contre lesquelles il n'y a qu'une seule bonne mesure préventive : c'est la liberté de l'exportation. Ce moyen n'agit qu'indirectement à la vérité, mais il agit avec beaucoup d'efficacité.

Un des résultats de ce commerce est d'ouvrir de nouveaux débouchés aux produits de l'agriculture; la culture des terres s'étend alors et se perfectionne, parce que les agriculteurs, voyant que leurs produits peuvent trouver du débit à l'étranger, ne se bornent plus à ne produire que ce qui est strictement nécessaire à leur pays par année commune; leurs profits deviennent plus considérables: ils peuvent ainsi employer de plus forts capitaux à cultiver la terre dont ils augmentent la fertilité; la population s'accroît avec le développement des richesses agricoles du pays; l'accumulation des capitaux devient possible et suit une marche progressive; le pays produit des céréales en plus grande quantité qu'autrefois, et par une suite nécessaire, le marché intérieur est beaucoup mieux fourni, parce qu'on peut y envoyer plus de grains qu'auparavant. Il ne faut pas croire que les productions agricoles seront transportées à l'étranger plutôt que de rester dans le pays, les besoins de la contrée ne sont-ils pas en effet restés ce qu'ils étaient avant que le commerce extérieur fût déclaré libre? On n'envoie au dehors que l'excédant sur la quantité de blés nécessaire aux habitants, excédant que le commerce d'exportation a créé lui-même. Que si le pays éprouve une disette, tous les grains restent à l'intérieur, parce que l'on réalise un bénéfice suffisant dans le pays sans aller à l'étranger, et comme il n'y a pas de frais de transport à payer sur les produits nationaux, les céréales du pays ne peuvent donc jamais s'élever à un prix aussi haut que les grains que l'on aurait dû faire venir de l'étranger.

Ainsi, dans un pays agricole, où le prix du grain est plus bas qu'ailleurs, le seul moyen d'éloigner les disettes et les famines, c'est de laisser l'exportation entièrement libre. Elle crée un surplus qui, dans les temps de nécessité, vient soulager le peuple, et lui présente un secours qu'il n'eût jamais obtenu des étrangers.

Ceux qui sont ennemis de l'exportation, ne font pas attention que le commerce extérieur est hérissé de difficultés; les rentrées sont bien plus lentes que dans le commerce intérieur; les frais de transport viennent encore accroître les entraves qui pèsent sur le commerce étranger; il faut, par conséquent, que l'exportation des grains offre beaucoup de chances de succès pour qu'elle puisse avoir lieu.

On objecte encore contre la liberté de l'exportation que si les produits bruts restaient dans le pays, on verrait surgir une foule de manufactures qui augmenteraient la prospérité nationale. Cette idée qui flatte au premier abord, est néanmoins dénuée de tout fondement; car quelle est la base de l'exportation? Cette base, c'est qu'en employant le travail et les capitaux du pays à créer des produits agricoles destinés à l'exportation, on peut obtenir par l'échange plus d'objets ou des objets de meilleure qualité que si on avait produit dans le pays les choses que l'on tire de l'étranger. Et, en effet, s'il n'y avait pas de bénéfice à recueillir, le commerce n'existerait pas.

Posons des chiffres, les résultats seront plus sensibles. Une valeur de 20,000 francs en travail et en capital, donne, par exemple, une quantité de céréales qui procure 2,000 pièces de draps; si on avait fabriqué à l'intérieur du pays agricole du drap avec ces mêmes 20,000 francs, on n'aurait peut-être eu que 1,500 pièces : il y a donc pour le pays un bénéfice de 500 pièces obtenu par l'exportation.

Le moyen d'établir dans un pays agricole, des manufactures avantageuses, c'est d'accumuler des capitaux suffisants pour les soutenir, sans qu'il soit besoin de rien ôter à l'agriculture; car si, pour soutenir des manufactures, on retire de l'industrie agricole des bras ou des capitaux, on n'augmente pas les richesses; seulement on enlève à une branche prospère des moyens de succès, dont on gratifie une autre industrie qui n'a encore aucune chance de progrès ni de développement. Ce déplacement des capitaux fait que le pays est fourni d'objets manu-

facturés d'une qualité inférieure et en moins grande
quantité que quand on obtenait ces objets par échange
avec les contrées étrangères. L'établissement en quelque
sorte forcé de manufactures, arrête les progrès de l'a-
griculture, qui, n'exigeant pas des avances aussi considérables que l'industrie manufacturière, est la plus favorable aux pays qui n'ont fait encore que peu de progrès,
les fonds de terre n'ont pas dans ces contrées autant de
valeur que dans les pays plus avancés sous d'autres rapports, le fermage y est très-bas; aussi à l'extérieur, les blés
d'un pays agricole obtiennent par leur prix peu élevé la
préférence sur les autres blés: l'agriculture seule peut dans
ces pays faire accumuler les capitaux avec rapidité; c'est
elle seule aussi qui peut donner dans la suite naissance à
l'établissement de manufactures; en effet, dès que le capital dépassera ce qui est nécessaire pour la culture,
l'industrie agricole donnera moins de bénéfices qu'auparavant, la diminution des profits fera prendre à tout l'excédant du capital une autre direction, c'est alors que naî-
tra l'industrie manufacturière. Les premières fabriques
produiront les objets les plus grossiers; mais ces fabriques étant protégées par les frais de transport pesant sur
produits étrangers, se développeront rapidement et
elles donneront bientôt naissance à d'autres manufactures, dont les fabricats seront plus importants et plus
perfectionnés. Ainsi les peuples agricoles, pour échapper
aux famines et naturaliser chez eux l'industrie manufacturière, doivent laisser liberté pleine et entière à l'exportation, qui, seule, peut augmenter les produits de leur agriculture et leurs capitaux.

Les pays qui importent, doivent également laisser libre
l'exportation, parce que les importateurs n'expédieront jamais dans les contrées où l'on ne permet pas de réexporter,
que ce qui est strictement nécessaire; la raison en est simple,
la crainte d'éprouver des pertes dans le cas d'une baisse
dans le prix des céréales, pertes qui seraient inévitables
par suite de la défense de réexporter les marchandises dans
d'autres pays, empêche les négociants étrangers de faire
des envois trop considérables. Le système des entrepôts

obvie sans doute à cet inconvénient, mais il n'y obvie que d'une manière fort imparfaite : les entrepôts ne sont pas et ne peuvent pas être répandus sur toute la surface du pays, ils n'existent que dans quelques localités; les céréales ne peuvent donc se répandre dans toute la contrée, et c'est précisément cette circonstance qui est surtout fatale.

Ce commerce si imminemment favorable au développement de l'espèce humaine, a été l'objet des récriminations de ceux qui sont principalement intéressés à sa liberté. Les peuples ont regardé comme cause des famines le commerce qui les sauvait des irrégularités des saisons; ce fait prouve prouve encore combien il est important que le peuple soit instruit de ses vrais intérêts. Malheureusement tous les gouvernements n'ont pas été assez éclairés pour reconnaître ces vérités, et l'histoire est là pour témoigner des désastres causés par de fausses mesures de cette nature, adoptées dans de grands Etats. Cependant l'exemple des peuples essentiellement commerciaux, qui tous ont laissé le commerce des céréales entièrement libre, aurait dû les éclairer; ces peuples n'ont qu'un territoire de peu d'étendue, et ils sont néanmoins mieux fournis en blés que les autres: telle est encore aujourd'hui la situation de la Hollande, telle est la situation des villes anséatiques de l'Allemagne. C'est donc avec raison qu'on peut dire que le commerce d'exportation des céréales favorise les richesses nationales, répand la prospérité, et développe l'intelligence des populations.

CHAPITRE III.

DES GRATIFICATIONS ACCORDÉES A L'EXPORTATION DES GRAINS.

Nous avons maintenant à nous occuper d'une mesure particulière que l'Angleterre surtout a mise en usage : il s'agit des primes accordées à l'exportation des produits de l'industrie nationale. Jamais ou presque jamais, on ne donne de primes à l'importation, la raison en est simple : le marché intérieur est toujours abondamment fourni des objets qui sont recherchés, parce que les profits qui résultent de la vente de ces produits, stimulent assez le zèle des marchands étrangers; à cette première considération, vient s'en joindre une autre : on craindrait de favoriser par là l'industrie étrangère aux dépens de l'industrie nationale. Aussi cette mesure n'a été pratiquée que pour favoriser l'importation des découvertes et encore fort rarement; sous ce dernier rapport, elle peut être très-utile, mais elle n'a aucun trait à l'importation des marchandises.

Cependant dans les cas de disette, les gouvernements ont quelquefois pris ce parti pour encourager l'importation des céréales. Cette mesure est complètement inutile ou tout au moins fort imparfaite; la meilleure de toutes les primes pour les négociants, c'est la certitude de faire de grands profits. D'un autre côté, ces gratifications temporaires accordées à l'importation des céréales, ont pour conséquence de faire fléchir le prix des céréales au dessous du prix rendu nécesssaire par leur petite quantité, comparativement au nombre des consommateurs; or les arrivages n'ont pas toujours lieu avec

régularité, il y a souvent des retards; la disette doit alors
après une courte intermittence de bon marché, se changer en famine, ou se faire sentir plus durement. Il vaut
donc mieux laisser le commerce entièrement libre,
que de lui donner une activité factice, qui, nécessairement, doit tomber devant le moindre accident. Toute
contrée qui suivra ce système sera toujours approvision-
née aussi abondamment que les circonstances le permet-
tront, parce qu'on sait que dans ce pays, il y a toujours
un marché ouvert.

Au reste, ce n'est que par exception que des primes
sont accordées à l'importation, mais il n'en est pas de
même pour les exportations. Le but des gratifications accordées à l'exportation, est d'étendre la production de
certains objets, et d'affranchir, sous ce rapport, le pays
de toute dépendance de l'étranger. Ce système, qui a été
mis en pratique principalement pour les grains, est ordinairement complété par la prohibition d'importer les
objets dont on favorise l'exportation. Ces primes se rat-
tachent donc au système mercantile et proclament au
nom du gouvernement que telle fabrication est plus favorable au pays que telle autre, comme si toutes les industries ne concouraient pas également à la production
des richesses, et par conséquent à augmenter la prospérité publique; comme si l'industrie qui donne les profits
ordinaires, avait besoin d'être soutenue par le gouvernement; comme si enfin les bénéfices résultant d'une entreprise n'étaient pas un aiguillon plus que suffisant pour y
pousser les capitaux!

En présence de ces vérités triviales, il faut bien reconnaître qu'une gratification accordée à l'exportation, est
un don inutile, puisque, sans cette gratification, les industriels auraient obtenu les profits ordinaires, au moins
dans le marché intérieur. Lorsque, par conséquent, l'a-
griculteur peut recueillir les mêmes bénéfices sur les capitaux qui sont employés à la culture, il n'est pas nécessaire d'exciter cette industrie à prendre plus d'extension;
l'intérêt personnel des cultivateurs et des capitalistes
leur indique ce qu'ils ont à faire. Une gratification à

l'exportation est donc non seulement inutile, mais est même nuisible; car, c'est prendre à l'un pour donner à l'autre. Que s'il ne reste plus de terres assez fertiles, c'est-à-dire des terres qui, par leurs produits, puissent donner le **taux accoutumé** des profits, dans ce cas il faut surtout se garder de donner une extension forcée à une industrie qui ne peut plus avoir aucun résultat favorable pour la prospérité nationale; **y** engager les capitaux par un appat quelconque, c'est les détourner d'une autre branche, qui pourrait contribuer à l'accroissement des richesses, et qui, favorisant l'accumulation des capitaux, nourrirait une population nouvelle; les primes accordées à une industrie qui ne peut plus se suffire, perpétuent un commerce qui ne rend jamais toutes les avances qu'il exige, et qui, par suite, anéantit chaque fois une partie de son capital; la prime accordée par le gouvernement sert, dans ces cas, à couvrir les dépenses que cette industrie exige. Un système qui produit de pareils résultats peut-il enrichir un pays? n'est-ce pas au contraire diminuer les capitaux au lieu de les augmenter?

Les primes accordées au commerce des grains, donnent nécessairement une extension extraordinaire à l'exportation des céréales, résultat, qui en définitif est fort nuisible; les marchands peuvent, il est vrai, vendre le blé à meilleur compte dans les contrées étrangères, mais de quelle utilité est-il pour le pays de favoriser les autres peuples à ses dépens? de quelle utilité est-il de faire une remise sur le prix réel aux étrangers pour les engager à acheter nos céréales? Cette remise, qui constitue un véritable don, consiste en ce que le prix coursable est diminué d'une partie de la prime accordée à l'exportation.

Que si nous supposons que le commerce d'exportation peut se faire sans aide de la part du gouvernement, le pays dans cette hypothèse fait en faveur des étrangers une perte volontaire et inutile; en effet, les produits agricoles se seraient écoulés sans aucune réduction de prix, et il est à remarquer que cette hypothèse est encore la plus favorable, parce que le don fait aux étrangers contribue, en dernière analyse, à étendre une industrie favorable au pays, tandis que, dans le cas où l'industrie ne peut se suffire, c'est-à-dire lorsqu'elle ne donne plus les profits ordinaires, il y a double faute d'accorder des primes d'exportation, car on favorise une production parasite sans qu'on ait l'espérance de pouvoir jamais faire aussi bien et à aussi bon marché que les étrangers. En un mot, on arrête l'accroissement des richesses et le développement de la population, et ce sont cependant ces deux objets qu'on a toujours en vue; malheureusement, l'empire de l'erreur fait souvent adopter des mesures que l'on considère comme devant conduire directement au but, et qui en réalité ont un résultat tout contraire.

Ces gratifications ont encore pour effet de renchérir les denrées dans le marché intérieur, parce que les agriculteurs, entraînés par l'appat de la prime, veulent tous exporter leurs produits; il faut donc leur donner, dans le marché intérieur, un prix égal proportion gardée à celui que l'on peut obtenir à l'étranger. Cette observation prouve que la prime pèse sur la nation comme un double impôt : les habitants paient, en premier lieu, une certaine somme pour former les primes d'exportation, et en second lieu, ce qui est plus dur, ils paient par suite de ces mesures, les objets de première nécessité à un prix plus élevé. C'est surtout sur la classe pauvre que cette réaction doit se faire sentir d'une manière bien sensible, car ce n'est que par une privation qu'elle peut donner quelque chose de plus pour sa nourriture. Ce n'est pas encore tout : lorsque des produits de première nécessité sont soumis à cette législation, les salaires des ouvriers doivent s'élever, parce qu'ils cesseraient de travailler, s'ils ne recevaient pas une indemnité plus forte; car sans cela, il serait impossible à ces hommes de vivre. C'est ainsi que, par des mesures mal combinées, on arrête le développement de l'industrie et que les manufacturiers ne retirent pas de leurs entreprises tout le profit qu'ils pouvaient espérer.

On a cependant allégué quelques motifs pour justifier

ces mesures, on a dit que l'encouragement donné à l'exportation ferait faire à l'agriculture de si grands progrès, 'qu'il n'y aurait plus de disette à redouter; que, par conséquent, le peuple paierait moins cher les objets de première nécessité. Ce motif, examiné de près, n'a aucune consistance, et en effet, si l'agriculture pouvait se développer au grand avantage du pays, elle le ferait d'elle-même, parce que les capitalistes trouveraient qu'il est de leur intérêt d'employer leurs fonds dans cette branche; ainsi, dans cette hypothèse, donner un secours est d'abord chose inutile, et ensuite c'est occasionner un déplacement de richesses injuste, car les agriculteurs n'ont pas de titre pour obtenir ce que les autres possèdent. L'intervention du gouvernement doit donc se borner à ne pas prendre des mesures qui, loin de remédier à une disette éventuelle, ne ferait que l'aggraver. Mais si ces primes sont accordées à l'exportation dans le but de faire cultiver des terrains d'une qualité inférieure, terrains qui, sans cela, n'eussent pas été défrichés, c'est, il faut l'avouer, commettre une faute bien grossière en économie politique, car c'est donner une prime pour détourner les capitaux d'industries lucratives, pour les engager dans une entreprise moins utile. Quel est donc, en définitif, dans la supposition dont nous nous occupons maintenant, l'effet que cette mesure doit produire sur la prospérité publique? non-seulement il y a déplacement de richesses, mais, ce qui est bien pis, ce déplacement a lieu pour que l'on persévère à marcher dans une voie tout opposée à la prospérité générale; c'est donc là agir en aveugle, c'est donc se vouloir du mal. Que l'on ne croie pas non plus que l'adoption de ce système diminue les disettes avec autant d'efficacité que lorsque le commerce des céréales est libre; dans cette dernière hypothèse, les étrangers fourniront le blé nécessaire à la consommation contre des produits manufacturés, les fabriques se développeront, et la population s'augmentera; ce double progrès fera hausser le prix des céréales et permettra par suite de recourir avec profit à des terrains d'une classe inférieure.

On a encore allégué que ces gratifications maintiennent le prix des céréales à un taux plus bas que si elles n'existaient pas : c'est une fausseté, car le résultat immédiat du stimulant donné à l'exportation, est de faire hausser le prix.

Enfin, ce système cause le malheur de la classe agricole : ce résultat ne paraît pas croyable au premier abord, rien cependant n'est plus vrai, et nous allons en faire la démonstration. L'appat de la prime fait que l'on recourt à des terres si ingrates, que cette prime, quelqu'élevée qu'elle soit, ne peut pas toujours payer les frais nécessaires pour cultiver des terrains aussi mauvais; on crée ainsi une situation factice qui cause de bien grands maux, maux qu'on eût évités, si on avait suivi la marche tracée par la nature, c'est-à-dire, la liberté. D'un autre côté, la valeur de la monnaie diminue, car dès qu'une denrée particulière se vend plus cher, tous les autres produits baissent forcément de valeur, et, par conséquent, la monnaie ; cette situation, qui force à hausser les salaires payés en argent et à acheter plus cher certains objets, met le pays dans une position défavorable pour le commerce extérieur des produits manufacturés, car les étrangers, n'étant pas forcés de faire autant de dépenses pour se nourrir, peuvent céder leurs fabricats à meilleur marché aux autres peuples ; et de plus, si leurs fabriques sont en voie de progrès, ils pourront un jour supplanter, dans l'intérieur, les établissements manufacturiers du pays assez imprudent pour maintenir une législation si désastreuse.

Tout gouvernement éclairé sur les intérêts véritables du pays, doit donc rejeter les primes d'exportation, et comme nuisibles à la prospérité générale et comme entièrement inutiles.

CHAPITRE IV.

DU COMMERCE D'IMPORTATION.

Une population nombreuse est généralement considérée comme un signe évident de la prospérité d'un État. Sans aucun doute, une population nombreuse est un bien, mais pour que cela soit, il faut des ressources suffisantes pour entretenir cette masse d'hommes dans une situation au-dessus de l'existence animale, pour empêcher qu'ils ne périssent faute de subsistances ; aussi M. Malthus a-t-il démontré à l'évidence, qu'un grand nombre d'habitants privés de moyens convenables d'existence, est un mal pour le pays plutôt qu'un bien. Mais en admettant, comme on le croit vulgairement, qu'une population nombreuse soit ce qu'il y a de plus heureux pour les empires, il faut dire, par voie de conséquence forcée, que les gouvernements qui ont défendu l'importation des grains, se sont grandement trompés, car diminuer la quantité des céréales, c'est arrêter l'accroissement de l'espèce humaine. Cette mesure a été prise parce qu'on a cru que l'agriculture, que l'on considère comme la base des États, deviendrait par suite si florissante qu'elle pourrait subvenir aux besoins de tous les citoyens, et cela sans qu'on fût obligé de recourir aux étrangers : ce résultat a paru si désirable qu'il a fait l'objet de toutes les législations sur cette matière. Examinons maintenant si cette opinion a le moindre fondement.

Dès que les richesses s'augmentent, la population suit un mouvement progressif, mouvement qui a donc lieu à mesure que les moyens d'existence se multiplient ; or, le commerce d'importation des grains tend certainement à augmenter les moyens d'existence ; défendre ce commerce, c'est donc, sous le rapport des céréales, réduire la population d'un pays à ce que peut produire le sol ; or, quelque perfectionnée que soit l'agriculture, c'est entraver l'augmentation des habitants, augmentation qu'on regarde cependant comme d'un augure si heureux. Cette défense d'importer est par suite en opposition directe avec le but que l'on se propose.

Si les peuples commerçants avaient adopté des lois semblables, jamais ils n'auraient pu se développer. Chez les anciens, voyez les Phéniciens : seraient-ils parvenus à ce degré de splendeur et de puissance, s'ils avaient défendu l'importation des grains? Leur pays était peu fertile, leur nombreuse population et leurs moyens de production auraient singulièrement diminué, si la nation avait été réduite à ne consommer que des céréales produites par son territoire ; cet exemple est déjà loin de nous, mais l'histoire moderne nous fournit des preuves nouvelles. La république de Gênes, renfermée dans des bornes étroites, n'aurait pu nourrir ses habitants, qui étaient en disproportion avec les produits de son sol, si une mesure prohibitive avait été prise contre l'importation des grains. La république des Pays-Bas était aussi dans une position semblable, et, de nos jours, les villes anséatiques fournissent un exemple vivant de ce que nous avançons. Les peuples commerçants, qui ont toujours eu une population nombreuse, ont tous habité des pays peu fertiles, et c'est précisément cette circonstance qui les portait au commerce ; adopter chez eux des dispositions législatives contre l'importation des céréales, c'eût été condamner à mort la plus grande partie de la population, et, chez les peuples agricoles, défendre l'exportation des céréales, c'est également prononcer cette sentence contre une masse d'hommes qui auraient subsisté si l'agriculture avait pris tous ses développements. La prohibition d'importer le grain doit donc être rejetée, même par ceux qui regardent une nombreuse population, en elle-même, comme un bien, parce que, sous le rapport des céréales, c'est restreindre l'accroissement de l'espèce dans des bornes plus étroites que celles qui lui ont été assignées par la nature.

Ces mesures prohibitives étendent leur influence désastreuse jusque sur l'industrie manufacturière, parce que défendre l'importation des céréales, c'est enlever des débouchés favorables aux produits des fabriques du pays, car les achats et les ventes ne peuvent avoir lieu que lorsque des hommes désireux de certains produits, ont les moyens d'en faire l'acquisition; or, ces moyens ne peuvent consister que dans d'autres valeurs, c'est-à-dire, dans les produits de leur propre industrie; c'est donc la production qui ouvre des débouchés; en interdisant l'importation des céréales, on diminue de toute nécessité le nombre de ceux qui ont des valeurs et qui par suite peuvent acheter : il en résulte que des produits manufacturés qui se seraient écoulés avantageusement, doivent rester dans le pays, ou doivent être vendus avec moins de bénéfice, parce que les étrangers, ne possédant pas d'autres choses qui aient une valeur assez forte ou qui nous soient aussi utiles que leurs céréales, ne peuvent faire aucun achat. Ainsi, la liberté du commerce des céréales fortifie certaines branches de l'industrie manufacturière qui, faute de débouchés, doivent ou tomber ou rester stationnaires. Ce n'est pas encore tout: la population ne peut s'accroître, elle ne peut dépasser les limites que lui assignent les produits agricoles du pays, et elle doit même payer pour sa nourriture plus cher que le cours naturel des choses ne l'eût exigé.

La défense d'importer les céréales arrête encore l'accumulation des capitaux, ou empêche tout au moins qu'elle n'ait lieu avec rapidité, parce que l'on ne trouve plus à vendre avec autant de bénéfice et aussi promptement. Si on pesait toutes les conséquences de la prohibition d'importer, on reconnaîtrait bientôt qu'elle fait souffrir toutes les industries, parce qu'elle leur ôte les moyens de débiter leurs produits soit à l'intérieur soit à l'extérieur : on reconnaîtrait bientôt qu'elle atteint non-seulement le commerce étranger, mais qu'elle arrête encore l'essor du commerce intérieur et de l'industrie nationale. Le point de vue sous lequel nous venons de considérer la question, est général, maintenant nous allons l'examiner de plus près et nous demeurerons convaincus que les agriculteurs qui demandent des prohibitions, connaissent bien peu quels sont leurs véritables intérêts.

L'étendue du marché intérieur pour les céréales est en raison de l'industrie générale, c'est-à-dire en proportion de ceux qui ont quelque chose à donner en échange, ce marché est le plus important par la rapidité des retours et par la supériorité dont les indigènes y jouissent sur les étrangers, qui ont à supporter des frais de transport énormes; ce marché est encore le plus favorable, parce que chaque négociation rend à l'industrie deux capitaux nationaux employés à la vivifier; ce marché est aussi le plus prochain, le plus commode et le plus vaste, car pour qu'il y ait exportation, il faut que le taux des profits soit extrêmement bas. Or, nous avons prouvé que prohiber l'importation des céréales, c'est arrêter l'accroissement de la population, c'est l'empêcher de s'enrichir; c'est donc, par une conséquence forcée, restreindre le marché le plus vaste et le plus important pour les céréales, et bien loin d'encourager la production des grains, c'est au contraire la décourager, résultat qui est précisément tout l'opposé de ce qu'on espérait de ces mesures.

La défense d'importer amène forcément la hausse de tous les autres produits, et réagit par conséquent sur les cultivateurs eux-mêmes. Rien n'est si facile que de justifier ce que nous venons d'avancer. La perte de beaucoup de débouchés par suite de la diminution du nombre des consommateurs, et la baisse des profits, résultat nécessaire de l'augmentation des frais de subsistance, feront bientôt diminuer le nombre des manufactures et par conséquent la fabrication. La quantité des produits manufacturés étant diminuée, leur prix doit forcément hausser; cette hausse devra même être assez sensible, les ouvriers devront par suite obtenir une augmentation de salaires, parce que sans cette augmentation il leur serait impossible de subsister; cependant si les salaires ne sont pas calculés sur le strict nécessaire, certaines classes de travailleurs n'obtiendront pas d'augmentation ; mais alors ces malheureux obligés à faire de plus fortes dépenses pour leurs besoins matériels seront forcés de renoncer à toute amélioration morale, ils devront vivre comme des brutes, et certes, c'est un très-grand mal pour la société en général, qu'une classe d'hommes mise au ban de la civilisation, qu'une classe d'hommes traités en ennemis. Dans les convulsions du corps social, que de désastres peuvent résulter d'un pareil état de choses !

La prohibition d'importer accorde sans doute un prix de monopole aux produits des cultivateurs, mais d'un autre côté, elle les force à payer plus cher les fabricats qui leur sont nécessaires, sorte de compensation qui prouve déjà que les produits de l'industrie nationale doivent, à cause de leur degré de cherté, trouver de la défaveur dans les marchés étrangers.

Les apologistes du système prohibitif du commerce des céréales prétendent qu'il favorise les progrès de l'agriculture, et ils s'inquiètent peu de livrer l'existence de toute une population au précair le plus terrible. Qu'une année de disette se fasse sentir dans un pays régi par une pareille législation, et que l'on se figure la pénible situation des malheureux habitants ? Il est vrai que dans ces circonstances on ouvre toutes les portes, et c'est ce que l'on est forcé de faire actuellement dans notre pays, mais n'est-ce pas aussi avouer qu'on a eu tort de les fermer ? Et puis, les étrangers seront-ils tout préparés à venir vendre leurs céréales dans un état où ils savent que c'est la nécessité seule qui les fait admettre ? non sans doute, et il n'y a que de forts avantages qui puissent les engager à transporter leurs denrées dans notre pays, et à abandonner des relations de commerce, déjà établies. D'ailleurs, qui nous dit que la levée de la prohibition parvienne immédiatement à la connaissance des pays agricoles ? qui nous dit que les arrivages auront lieu sans retard ? Certes, les dangers que le pays courrait en cas de disette par suite du système prohibitif, sont si grands que seuls ils suffisent pour faire proscrire ce système.

A qui donc ces mesures sont-elles en définitif favorables ?

A coup sûr, ce n'est pas au peuple entier, car le prix du blé s'est élevé au-dessus de son taux naturel ; il ne faut pas non plus croire que ce soit le fermier qui en profite : non, c'est le propriétaire seul qui s'enrichit, et l'exemple de l'Angleterre le prouve évidemment. En effet, le fermage est dû au degré supérieur de fertilité de certaines terres sur les terrains qui leur sont inférieurs sous les rapports de la qualité du sol et de la situation ; dans l'hypothèse qui nous occupe, tant que la population ne dépassera pas les limites que lui assignent les céréales produites par les terres les plus fertiles du pays. et tant qu'il n'y aura pas à l'intérieur de disette extraordinaire, le prix du grain restera à son ancienne hauteur ; aussi, dans ce cas, les lois prohibitives de l'importation sont complètement inutiles. Mais lorsque la population dépassera ces limites, on devra recourir aux terres d'une qualité inférieure ou de 2me classe : en supposant qu'il faille 90 fr. pour un bonnier de 1re classe, tous les frais de culture y compris, et que les terres de 2me classe exigent 100 fr., le fermage sera de 10 fr. pour le bonnier de terre de 1re qualité ; si la population continue à suivre un mouvement progressif, on recourera à d'autres terres, qui demanderont 110 fr., ce qui portera le fermage à 20 fr. pour le terrain de première classe et à 10 fr. pour la deuxième qualité, et ainsi de suite.

Ce n'est donc pas l'agriculteur qui retire du bénéfice de ces lois, mais c'est le propriétaire. En effet, pour fixer le montant du fermage, on se base sur la différence qui existe entre la fertilité et la situation des divers terrains cultivés, différence qui est suffisamment indiquée par les frais de culture qu'exige une égale portion de terre de divers qualité ; aussi, dans le parlement britannique, les plus ardents défenseurs du système prohibitif appartiennent à la classe des propriétaires. Ces lois imposent à la nation un sacrifice purement gratuit au profit d'une de ses fractions, et c'est une injustice criante, car, dans tout gouvernement qui a en vue l'intérêt général, les bénéfices et les charges doivent être supportées par chacun sans distinction, et jamais la communauté né doit s'imposer le moindre sacrifice dans le but de favoriser quelques-uns.

M. Say dans son ouvrage, chapitre XXI, pag. 367, démontre la vérité de ce que nous disons des lois prohibitives; voici comme il s'exprime : « Il résulte de cette
» nature des choses que c'est le propriétaire qui jouit
» de toutes les circonstances durables qui se trouvent
» être favorables à sa terre, de même que de tous les
» perfectionnements agricoles qui s'introduisent dans
» son canton; car les circonstances favorables qui sur-
» viennent, comme l'ouverture d'une route ou d'un ca-
» nal, augmentent le parti qu'on peut tirer des produits
» de la terre; et les concurrents qui se présentent pour
» l'affermer, sachant qu'ils en tireront un plus grand
» parti, portent leurs offres plus haut. Il en est de même
» des perfectionnements que le temps amène dans l'art
» agricole, comme, par exemple, de la culture des plan-
» tes fourragères pendant les années de repos. Un fer-
» mier qui voudra faire usage de cette nouvelle source
» de produits, étant en état de tirer plus de parti d'un
» champ, est en état d'en offrir un meilleur fermage, et
» d'obtenir la préférence sur un fermier moins indus-
» trieux. Mais en même temps, comme il ne saurait dou-
» ter qu'à mesure qu'il tirera un meilleur parti de la
» terre, on augmente le prix du bail, il est peu empres-
» sé de faire des essais dont les risques sont pour lui,
» et les succès, pour son propriétaire. On pourrait at-
» tribuer à cette cause la répugnance que les fermiers
» mettent en général pour les nouveautés, si le défaut
» de lumières et la paresse d'esprit ne suffisaient pas
» pour expliquer le penchant de la plupart des hommes
» à suivre les sentiers de la routine. »

Ces lois amènent donc des résultats tout autres que ceux qui en sont attendus, elles ne peuvent qu'engendrer des haines, exciter les passions et former des partis ennemis dans un même état, et, ces divisions sont toujours funestes au jour du danger. Peut-on dire, au surplus, que les lois prohibitives de l'importation soient favorables dans tous les cas aux propriétaires eux-mêmes? Non, ce n'est que dans des circonstances tout-à-fait particulière que ces lois ne causent pas la ruine de ceux qui les ont demandées; telle est, par exemple, une grande activité dans l'industrie manufacturière; car, en règle général, avec la hausse du prix du blé, la consommation des céréales diminue nécessairement, la population décroit, les prix baissent alors et avec eux les fermages. Mais lorsque l'importation des céréales est constamment permise, le bon marché des subsistances fait développer toutes les industries, et, par une conséquence forcée, l'industrie agricole prend le plus grand essor.

CHAPITRE V.

UN PAYS PLUS FORTEMENT IMPOSÉ QUE LESAUTRES, PEUT-IL LAISSER LIBRE LE COMMERCE DES GRAINS ?

Les adversaires de la liberté du commerce des céréales ont avancé que les taxes élevées perçues dans le pays empêchent qu'on ne puisse rendre ce commrce entièrement libre. L'objection est forte, cependant nous pensons que l'on peut y répondre victorieusement.

Pour arriver à ce résultat, il faut d'abord distinguer, les impôts généraux des taxes spéciales à l'agriculture, et en second lieu, il faut s'attacher à reconnaître si ces dernières sont directes ou indirectes, car nous verrons que les principes qui régissent les unes et les autres sont difiérents.

§ PREMIER.

Des impôts généraux.

Les taxes qui affectent toute la nation, ne donnent pas aux agriculteurs le moindre droit de demander à l'État une protection spéciale, ils sont citoyens, comme tels ils doivent supporter leurs parts dans les charges communes établies dans l'intérêt de la société; s'il en était autrement, les autres industriels auraient également droit à un pareil dégrèvement, puisqu'ils sont frappés par ces taxes générales, quelquefois même d'une manière plus dure que ceux qui se plaignent. Ce genre d'imposition atteint toutes les branches de l'industrie; on ne peut donc de ce chef frapper en faveur de l'une d'entre elles un droit d'entrée sur les produits de même espèce venant de l'étranger. Aucune spécialité d'industrie ne peut non plus être libérée du payement de la taxe, car ce serait enlever aux industries les plus profitables, leur leurs capitaux et leurs bras, ce serait faire baisser, par une mesure impolitique, les gains des entrepreneurs et des capitalistes engagés dans une fabrication autre que celle qui jouit du privilége d'exemption. A la vérité, les taxes paraissent au premier coup d'œil donner de l'avantage au fabricant étranger sur nos producteurs indigènes ; cependant en examinant de plus près cette proposition, nous trouverons qu'elle est complètement fausse.

Le commerce, comme nous l'avons déjà dit, ne consiste que dans l'échange de deux objets d'égale valeur au moment de la transaction; ceux donc qui n'ont rien à donner en retour de ce qui leur est offert, ne peuvent faire de commerce, car personne ne se dépouille gratuitement de sa propriété. Si donc un étranger veut avoir des relations de commerce avec nous, il faut qu'il reçoive des objets qui sortent de nos manufactures; mais les taxes ont augmenté les difficultés qui s'opposent à la production, elles ont rendu plus considérables les frais de production: l'étranger est ainsi forcé d'accepter des marchandises dont le prix est haussé par les impôts. Les taxes générales se contrebalancent par conséquent elles-mêmes, puisque l'on ne peut exporter que des objets qui les ont acquittées; l'étranger paie donc nécessairement l'impôt, parce que les nationaux ne se soumettent pas sans nécessité à supporter des pertes volontaires pour vendre leurs produits. La classe agricole ne peut donc demander avec quelqu'ombre de justice une protection particulière; sa position n'est changée ni à l'égard des cultivateurs étrangers ni à l'égard des autres citoyens, car les céréales de ces contrées, échangées contre des produits d'une fabrique nationale, sont indirectement assujetties à la taxe par le fait même de la transaction.

Objecter que les étrangers exigeront leur paiement en argent ou en billets de change, n'est qu'un misérable subterfuge. Si on n'exporte que du numéraire, bientôt le pays étranger qui trafique svec nous, en sera inondé, l'argent y perdra de sa valeur, ou, ce qui revient au même, le prix des produits de ce pays éprouvera une hausse; chez nous l'effet sera inverse: la masse du numéraire étant diminuée, l'argent augmentera en valeur de tout ce qu'il a perdu chez nos voisins, c'est-à-dire que le prix de nos marchandises baissera de tout ce dont le prix des marchandises étrangères est haussé, et c'est ainsi que l'équilibre se rétablit et se maintiént de lui-même. Il n'y aura donc rien de changé dans notre position.

Quant aux billets de change, les résultats sont encore les mêmes; si les étrangers demandent toujours en retour des lettres de change, et s'ils ne reçoivent aucun de nos produits, dans peu le change sera contre nous, de tout ce dont les taxes ont augmenté les frais de production.

Quelle est, en effet, la nature de la lettre de change? c'est de remplacer le numéraire en assignant à notre créancier un autre débiteur: par exemple, A est débiteur de B et créancier de C; il peut payer B en lui donnant C pour débiteur. Pour parvenir à acquitter ses dettes de la sorte, il faut avoir un tiers pour débiteur; si cette condition manque, on doit payer en numéraire, puisque le papier n'a pas et ne peut pas avoir de valeur, ce cas rentre dans l'hypothèse où l'on ne reçoit que de l'argent en paiement. Que si le cours nous est favorable, c'est-à-dire que par suite de relations commerciales entre un pays étranger et le notre nous ayons plus à recevoir qu'à payer, le refus de recevoir autre chose que des lettres de change, fera que la demande surpassera de beaucoup la somme dont le pays peut disposer; et alors il y aura plus d'avantage pour les étrangers de recevoir nos produits que de continuer à demander des lettres de change, car la nécessité de payer, pour les obtenir, un agiot qui sera forcément égal à l'augmentation des frais de payer un agiot aussi fort résulte de ce que le pays tireur doit livrer des marchandises à la place sur laquelle il tire; sans cela il faut qu'il solde ses comptes en argent, nous avons déjà parlé des suites de cette manière d'agir. Dans l'une et l'autre hypothèse, le pays reste donc sur le pied de l'égalité pour continuer le commerce avec les autres peuples.

Si l'étranger hausse les prix de ses produits, cet événement tendra à nous remettre plus tôt dans notre ancienne position à son égard, car toute la hausse qu'il fait éprouver à ses marchandises, les rapproche d'autant plus de la hauteur artificielle que les taxes ont introduite dans nos prix; cette résolution, loin de nous nuire, ne peut donc que nous être favorable, puisqu'elle hâte le rétablissement de l'équilibre entre nous et nos voisins.

Ainsi les taxes générales ne donnent pas aux agriculteurs le moindre droit à une indemnité, de quelque nature qu'elle puisse être, car si les difficultés de produire sont augmentées pour eux, elles le sont également et au même degré pour tous les autres industriels; l'indemnité, au lieu d'être particulière à quelques-uns, devrait donc être accordée généralement à tous. Mais nous avons vu que les taxes générales se contrebalancent d'elles-mêmes, parce qu'ayant haussé également le prix de tous les objets, les étrangers ne peuvent continuer leurs relations commerciales avec nous, à moins qu'ils ne veuillent accepter en retour des produits dont la fabrication est soumise à la taxe. Une indemnité est par suite inutile.

Ce que nous avons dit, doit s'appliquer aux taxes générales indirectes, comme aux taxes générales directes; car les impôts indirects haussent le prix de tous les objets qui entrent dans la production de l'industrie nationale, ils ne donnent aucun avantage aux étrangers sur les indigènes, puisque les premiers ne peuvent échanger leurs marchandises que contre des produits dont les matières premières ont dû payer la taxe.

§ DEUXIEME.

Considérations générales sur les taxes particulières à l'agriculture.

L'Économie politique enseigne que chaque pays doit produire de préférence les objets pour lesquels il a le plus de facilité, parce que les résultats de la fabrication sont plus considérables avec la même somme de capital et de travail; avec ces produits le pays achette à l'étranger les productions pour lesquelles il a moins d'aptitude. Si donc nous imposons chez nous la production d'un objet et par suite la consommation, il faut, pour ne pas nous mettre dans une situation difficile à l'égard des étrangers sous le rapport de la fabrication de ces articles, charger l'importation de ces produits d'un impôt équivalent à celui qui pèse sur l'industrie nationale. Cela doit être, parce que les profits doivent être assez élevés pour récompenser les producteurs, et parce que les étrangers, n'éprouvant pas de gêne dans leur pays, pourraient éteindre une branche de l'industrie nationale favorable à la prospérité. Aussi, dans ce cas, si le produit frappé est un objet d'exportation, on devrait à la sortie accorder une restitution des droits perçus sur les produits: c'est le seul moyen de mettre nos manufacturiers en état de lutter avec succès dans les marchés étrangers. Si donc on impose la production du grain, il faut frapper sur le grain étranger un droit d'entrée égal à la taxe qui affecte nos céréales, et cela pour ne pas détourner les capitaux d'une industrie favorable à l'accroissement des richesses, et anéantir une source de revenus de l'État.

Cependant, lorsque l'impôt est assis sur le fermage, et tel est l'impôt foncier, il n'est besoin d'aucune contre-charge frappée sur le grain étranger; en effet, cet impôt n'augmente pas les frais de production: la taxe tombe uniquement sur le revenu du propriétaire, qui, à la vérité, peut être considérablement diminué. Rien n'est plus fa-

cile que de prouver que l'impôt foncier affecte uniquement
le fermage : dès qu'un pays est manufacturier, le fermier
ne retire de son entreprise que les profits les plus bas ;
les terres étant devenues propriété particulière, il
faut payer une certaine redevance pour obtenir la permission de les cultiver; cette redevance ou fermage s'augmente, comme nous l'avons vu, au fur et à mesure qu'on a
recours à des terrains moins fertiles : le cultivateur d'une
bonne terre ne fait pas plus de profit que le fermier d'un
champ plus fécond, parce qu'il y a concurrence entre eux
pour obtenir la préférence ; le propriétaire seul retire
du bénéfice par l'élévation des fermages, et l'agriculteur
ne reçoit que le strict nécessaire. L'impôt ne frappe donc
que le fermage.

Le grain étranger ne peut être importé que lorsque
les difficultés de produire se sont accrues dans le pays,
et que, partant, le prix a éprouvé une hausse. Or le
prix des céréales se règle sur les frais de production
qu'exigent les terres les moins fertiles : car celles-ci res-
teraient en friche, si elles ne donnaient pas le taux le
plus bas de l'intérêt des capitaux ; ces terrains ne peuvent payer aucun fermage, parce que leurs produits ne couvrent que les frais et ne donnent que les profits les plus min-
ces. Par conséquent, une taxe sur le revenu du propriétaire,
qui est l'excédant sur les frais et les bénéfices du fermier,
ne peut rien sur le prix du grain. Un droit d'entrée n'est
donc pas nécessaire pour contrebalancer la taxe frappée
sur le loyer des terres.

Si néanmoins on établit un droit d'entrée, la taxe
retombe dans ce cas sur le consommateur, au lieu de
peser sur le propriétaire. En effet celui-ci jouit d'un
monopole dans le marché intérieur, et il en profite pour
retirer de ses terres les fermages les plus élevés, parce
que personne n'est disposé à laisser échapper une occasion de faire un bénéfice; le fermier, de son côté, pour
pouvoir continuer son exploitation, doit élever le prix
de ses produits, chose que les entraves mises au commerce d'importation lui permettent d'effectuer; et en définitif le consommateur paie la taxe.

Si une taxe de 20 % est établie sur la production et sur l'importation des céréales, le prix sera haussé de 20 %, mais le fermage restera tel qu'il était ; seulement on usera moins de produits agricoles, et l'agriculture deviendra moins florissante, circonstance qui amènera une baisse dans les redevances foncières. Si l'on a imposé la production sans contre-charge équivalente sur l'importation, les fermiers ne pourront plus faire les profits ordinaires en cultivant les terres de dernière qualité, terres dont la culture n'est possible que par suite des frais de transport qui pèsent sur le grain étranger ; ainsi, tous les laboureurs qui ne pourront vendre aux anciens prix, c'est-à-dire sans une hausse de 20 %, devront abandonner leurs fermes, et ceux-là seuls qui payaient un fermage égal à la taxe, pourront continuer leur exploitation ; mais aussi le fermage ne sera plus payé, et on abandonnera les terres qui acquittaient un loyer inférieur à l'impôt ; enfin, il en résultera une réduction proportionnée dans tous les fermages d'un taux supérieur, ce qui signifie que la taxe ne sera plus payée par le consommateur, mais tombera uniquement sur le propriétaire. Ainsi un droit sur l'importation est sans effet, quand on veut imposer le fermage : rien n'entrave l'agriculture. Mais le contraire doit avoir lieu quand on veut charger la production ou le consommateur, et ce cas est le seul où il soit besoin d'avoir recours à l'établissement d'un droit sur l'importation du blé pour maintenir l'égalité entre les produits agricoles nationaux et ceux venant de l'étranger. Mais, pour bien calculer ce droit, il faut faire attention aux frais de transport qui tombent sur le grain étranger : c'est en suivant cette marche que l'on peut observer les principes de liberté dans le commerce des grains, comme dans tout autre, sans nuire aucunement à l'industrie nationale.

§ TROISIÈME.

Des Dîmes.

Parmi les taxes spéciales à l'agriculture, les dîmes se présentent en premier lieu. Elles n'existent plus dans notre royaume, cependant nous avons cru devoir nous en occuper parce que dans beaucoup de pays et notamment en Angleterre, cet impôt existe encore.

Nous ferons d'abord observer que l'origine des dîmes a pu être juste et a été réellement juste pendant le moyen âge : l'agriculture était à cette époque l'unique ou du moins la principale industrie, c'était aussi la seule source des revenus de la nation ; dans ces temps barbares on songeait à tout autre chose qu'à produire des richesses par le moyen de l'industrie manufacturière, on ne cultivait que les champs. Il fallait cependant salarier les ministres de la religion et pourvoir aux besoins de l'exercice du culte : on y destina le 10e du produit de la terre, et telle fut l'origine de la dîme. On imposa la seule industrie existante ; il n'y eut donc pas d'injustice lors de l'institution.

Cependant, cet impôt a pu par la suite devenir nuisible, et l'est devenu véritablement quand d'autres industries se sont développées : elles auraient dû toutes contribuer également au payement des frais du culte, puisque tout le monde profite du service religieux. Certaines dîmes ont pu aussi avoir pour origine une propriété antérieure à celle des possesseurs actuels, les anciens maîtres ont pu vendre leurs fonds à condition de percevoir une rente du 10me du produit : il n'y avait certainement pas d'injustice dans ce contrat, car il dépendait du débiteur de ne pas accepter une terre chargée d'une redevance annuelle de cette nature ; les dîmes de cette dernière espèce ne sont évidemment qu'une partie du fermage, les propriétaires n'ont pas le moindre droit de s'en plaindre puisque c'est la base de leur titre de propriété ; aussi des documents attestent que des personnes qui n'appartiennent pas au clergé, possèdent par héritage le droit de percevoir la dîme; au reste, à la longue, les diverses espèces de dîmes se sont confondues.

Pour connaître l'influence des dîmes sur le prix des céréales dans les pays où elles existent, il faut se demander si les dîmes pèsent sur la rente foncière ou sur le fermier, et par conséquent sur le consommateur. Les uns ont prétendu que les dîmes pesaient sur le fermage, les autres ont soutenu que les consommateurs étaient grevés de cette charge : parmi ces derniers, nous mettrons en premier lieu M. Ricardo, *Des principes de l'Economie politique*, chap. XI :

« La dîme, dit-il, tombe sur le produit brut de la terre,
» qui, comme les impôts sur les matières premières, re-
» tombe entièrement sur le consommateur. Elle dif-
» fère d'un impôt sur les fermages en ce qu'elle frappe
» des terres qui ne paient pas de fermage, et en ce qu'elle
» fait hausser le prix des produits agricoles, qu'un im-
» pôt sur les fermages ne changerait guère. »

Il nous semble que dans ce passage l'auteur ne prouve pas ce qu'il avance et qu'il regarde ses prémisses comme démontrées. Certainement, si la dîme était un impôt sur le produit brut, elle serait payée en dernier résultat par le consommateur; mais c'est justement ce qu'il fallait démontrer, et nous ne voyons pas que Ricardo l'ait fait. Il prétend également que c'est un impôt égal, « puisque, dit-il dans le même chap., les meilleures, comme les plus mauvaises terres, paient la dîme et la paient dans l'exacte proportion de la quantité des produits qu'on retire de chacune. » L'auteur n'a pas fait attention que la dîme frappe le produit brut sans se proportionner aux frais de production.

Pour être conséquent avec cette proposition : « La dîme
» (même chap. XI) est le dixième du produit brut et non le
» dixième du produit net du sol, et par conséquent, à me-
» sure que la société croit en richesses, elle doit progressi-
» vement absorber une partie plus considérable du produit
» net, quoiqu'elle soit toujours égale à une même portion
» de produit brut », Ricardo devait conclure que cette im-

position est inégale par rapport aux différentes qualités de terrain. En effet, si le produit brut d'une ferme est de 10,000 gerbes et que pour les produire il ait fallu 2000 fr., tandis qu'une 2me ferme de même étendue, mais qui n'est pas aussi fertile, demande 4000 fr. pour produire également 10,000 gerbes, on prendra sur chacune des deux exploitations 1000 gerbes pour le paiement de la dîme ; cependant la justice veut qu'on n'exige de la seconde que 500 gerbes, puisque les frais sont doubles, ou bien il faut faire payer à la première 2000 gerbes. Néanmoins le terrain stérile paie un impôt de 400 fr., et la terre fertile ne contribue que pour 200 fr. : la dime est donc, sans compter tous les accessoires, une imposition où il n'y a pas d'égalité.

Adam Schmit, *Richesses des nations*, soutient que » les impôts sur les produits de la terre sont dans la » réalité des impôts sur la rente ou fermage, et quoique » l'avance en soit primitivement faite par le fermier, ils » sont toujours supportés en définitive par le proprié- » taire : quand il y a une certaine portion de produit à » réserver pour l'impôt, le fermier calcule le plus juste » qu'il peut le faire à combien pourra monter une année » dans l'autre la valeur de cette portion, et il fait une » réduction propartionnée dans le fermage qu'il consent » à payer au propriétaire; il n'y a pas un fermier qui ne » calcule par avance à combien pourra monter une an- » née dans l'autre la dîme ecclésiastique, qui est un » impôt foncier de ce genre. »

On a allégué contre ce système, que la dîme, étant levée sur le produit brut de chaque acre, était prise souvent sur des terres qui ne payaient pas de fermage ; que par conséquent le propriétaire ne pouvait rien payer quand il ne recevait rien; que la dime retombait alors sur le fermier, qui ne pouvait la supporter, si le produit ne couvrait pas les frais de production, les profits ordinaires et la dîme; qu'ainsi, le prix des céréales devait hausser pour que toutes ces dépenses fussent compensées, et que par suite, c'est le consommateur qui, en dernier résultat, paie les dîmes. Nous ferons d'abord remarquer que le prix du grain ne hausse que quand les besoins se trouvent en disproportion avec ce qu'on offre au marché, ou bien quand les difficultés de produire le grain sont augmentées, et qu'il est resté aussi facile qu'auparavant de produire les autres choses. La dîme ne peut donc certainement, par elle-même, faire hausser le prix des céréales; elle devrait préalablement diminuer la quantité de grain destinée à être mise en vente. Cependant il n'en est pas ainsi, car le produit de la terre ne fait que passer des mains du producteur dans celles du dîmeur, la masse des céréales est restée la même, et, sous ce rapport, le prix du blé ne peut augmenter. Le dîmeur est loin d'avoir intérêt à détruire ce qu'il a perçu, car en agissant de la sorte, il ne retirerait aucun bénéfice de sa perception.

Maintenant, peut-on dire que la dîme augmente les difficultés de production? C'est ici que gît tout la difficulté de la question. De ce que la dîme est levée sur chaque acre de terre et même sur ceux qui ne paient pas de fermage, il ne suit nullement que ce soit le producteur et en dernier lieu le consommateur qui la paie: si le propriétaire ne reçoit pas de fermage, il ne paiera certainement rien, le dîmeur dans ce cas retirera seul quelque chose, il absorbera en un mot tout le fermage; il n'y a d'ailleurs qu'un prix déjà assez élevé qui puisse couvrir les frais, les profits ordinaires et la dîme. Au reste, on ne fait pas attention que le fermier ne peut entreprendre la culture d'une terre, à moins qu'il ne soit certain que le produit compensera toutes ses avances : si la production de la terre ne peut acquitter ni le fermage ni la dîme, il n'y aura ni fermage ni dîme, parce qu'il n'y aura pas défrichement; mais si le sol donne assez pour payer la dîme, celle-ci seule sera acquittée. On ne recourra donc aux terres sujettes à la dîme qu'autant que le prix des céréales puisse payer cette redevance, alors seul fermage, tout en rendant les frais de culture et les profits du cultivateur. Il ne dépend donc pas du propriétaire de se décharger de la dîme sur le consommateur, parce qu'il ne peut augmenter les frais de production à son gré, et ce moyen est le seul qui puisse le mettre à l'abri de la dîme : tout ce que le propriétaire pourrait faire serait d'empêcher la culture des terres dont la dîme emporte tout le fermage ; il serait alors de l'intérêt du propriétaire et du dîmeur de s'arranger pour ne pas faire une perte mutuelle. Ce cas ne peut au reste arriver que quand on cultive des terres d'une très-mauvaise qualité.

Que si la demande du blé, continue à augmenter, on devra recourir à des terrains d'une qualité encore inférieure : le propriétaire des terrainsmoins mauvais retirera un fermage, parce que ces terrains pouvaient déjà payer la dîme et que l'on a mis en culture des terres d'un moindre rapport. Ce fermage consistera dans la différence des produits des deux sortes de terres, les frais, les profits du fermier et la dîme déduits.

Nous sommes arrivés à la dernière objection qui a été faite contrece système, objection qu'a présenté avec force une excellente revue anglaise, *la revue parlementaire*, session 1826, p. 675. Mais avant de la discuter, n'oublions pas de faire remarquer que percevoir la dîme en nature ne peut pas la faire tomber sur les consommateurs ; car le dîmeur, pour jouir de son revenu, doit vendre les céréales qu'il a recueillies, ou les consommer lui-même. Il ne fait donc pas de tort aux consommateurs, puis qu'il ne diminue pas la masse des blés destinés à satisfaire aux besoins des populations. Le propriétaire peut de son côté exiger le fermage en nature, circonstance qui ne changerait pas, à coup sûr, la position des consommateurs ; la concurrence, d'ailleurs par sa tendance à la baisse, forcera toujours le propriétaire à se charger de la dîme Voyon maintenant la force de l'argument opposé par la *revue parlementaire*. L'auteur de cet article suppose deux pays d'égale grandeur jouissent du même dégré de fertilité et aussi peuplésl'un que l'autre ; Ces deux contrées n'ont pas de commerce entre elles ; le prix d'un boisseau de blé est de neuf francs dans chacun de ces pays ; dans cette hypothèse, une dîme est imposée dans l'un des deux Etats : Le prix du boisseau montera, dit l'auteur, à 10 francs dans le pays, soumis à la dîme. Les barrières qui empêchent le commerce entre ces deux pays, sont ensuite anéanties: selon la *Revue parlementaire*, les échanges entre les deux pays doivent établir l'équilibre entre le prix des céréales, et par conséquent ce prix devra être dans les deux pays de neuf francs et demi le boisseau, parce que, dans le pays non soumis à la dime, on mettra en friche des terrains moins fertiles, et que par contre on abandonnera la culture d'un nombre égal d'acres de terre dans le pays sujet à la dime, procédé qui continuera jusqu'à ce que les prix soient égaux dans les deux Etats. Le chiffre du fermage serait toujours le même, mais il se diviserait par portions inégales : les propriétaires du pays non sujet à la dime , recevraient une plus forte quotité du montant total du fermage calculé sur les deux contrées, parce qu'une plus grande étendue de terrains serait en culture dans la contrée libre de la dime.

Cette objection est spécieuse, mais elle ne prouve pas, à notre avis, que les dimes soient payées par le consommateur. En effet, le commerce étant prohibé entre les deux pays, si l'on établit une dime dans l'un d'eux , le prix peut hausser à la vérité d'un 10e , mais ce n'est pas par l'effet nécessaire de la dime , c'est par le monopole dont jouissent les propriétaires : ils ont seuls le privilége d'approvisionner le marché national, ils peuvent donc dans ce cas faire retomber la dime sur les consommateurs , parce que ceux-ci sont forcés de recourir à ces propriétaires pour avoir de quoi se nourrir.

Nous ne croyons pas que le commerce étant ensuite permis la dime se divisera entre les deux pays. Le prix baissera certainement dans la contrée sujette à la dime; parceque, le commerce des grains étant libre, on pourra s'approvisionner à meilleure compte; les propriétaires seront par suite forcés de payer eux-mêmes la dime, au lieu de pouvoir la rejeter sur les consommateurs. Les consommateurs de l'autre pays ne paieront pas d'avantage pour le grain qui leur est nécessaire, au contraire, leur agriculture prendra de nouveaux accroissements par l'extention du marché. Il serait plus exact de dire qu'ils paieront encore moins cher leur blé, puisque, d'après le raisonnement de l'auteur de l'article, il y aura dans leur pays une plus grande étendue de terres cultivées.

Le monopole anéanti, les agriculteurs du pays soumis à la dîme devront baisser leurs prix de tout ce dont ils les ont augmentés par les prohibitions, c'est-à dire d'un 10me ou à peu près. La dîme pèsera alors sur le fermage ; car au renouvellement des baux, les cultivateurs, n'ayant plus le droit de fournir le marché intérieur exclusivement à tout autre, déduiront du fermage tout le montant présumé de la dîme, qu'ils évalueront par année moyenne. Toutefois, les frais de transport feront toujours peser une légère partie de la dîme sur les consommateurs : c'est la raison qui fera que la baisse ne sera pas tout-à-fait d'un 10me.

Il n'est donc pas vrai que dans le pays sujet à la dîme , on abandonnera la culture d'une partie des terres labourables. Il faudrait, pour cela, qu'il y eût par suite de la dîme plus de difficultés pour produire les céréales, or c'est ce qui n'est pas. Ainsi, il n'y pas de motif pour abandonner la culture de certaines terres. Il pourra cependant arriver que des fonds qui payaient un fermage, n'en payeront plus, parce que la dîme absorbera le tout. Les propriétaires du pays non sujet à la dîme. ne recevront aucune augmentation dans les fermages, car il n'y a pas nécessité de recourir dans ce pays à des terres de qualité inférieure ; et si le chiffre des redevances foncières est différent dans les deux pays, cela provient de ce que dans l'un la dîme emporte une partie du fermage. La concurrence qui s'établira entre les agriculteurs des deux contrées, fera que le grain se vendra dans les deux Etats à meilleur compte qu'auparavant. La culture prendra des accroissements aussi considérables dans le pays où la dîme existe que dans l'autre : car le sol ne perd nullement de sa fertilité par la redevance d'un 10me de la moisson ; les propriétaires seuls, et surtout ceux des terres inférieures, ressentiront les atteintes d'une charge dont nous avons déjà signalé la grande inégalité.

Quelle est la conséquence des observations que nous venons de faire valoir? C'est que dans les pays où l'on défend l'introduction du grain étranger, la dime tombe sur le consommateur, parce que les propriétaires peuvent s'en débarasser. Au contraire, dans un pays où règne la liberté du commerce des céréales, les propriétaires doivent nécessairement supporter cet impôt, à moins de ne plus rien retirer de leurs terres : c'est la cause pour laquelle en Angleterre, les possesseurs des terres soumises à la dime ne reçoivent pas un fermage aussi élevé que les propriétaires des terres libres, fait qui est maintenant bien constaté.

Nous croyons avoir démontré que la dime est un impôt sur le fermage ; qu'elle ne frappe jamais le consommateur, à moins que les agriculteurs n'aient le monopole du marché intérieur, ou qu'étant protégés par les frais de transport qui pèsent sur le grain étranger, ils ne rejettent une légère partie de cet impôt sur le reste des habitants. Sans doute le propriétaire pourra empêcher la culture d'une terre sujette à la dime qui déduction faite de la dime né lui rapporte rien ou peu de chose: les habitants devront ce cas danschercher à l'étranger ce qui leur est nécessaire: le blé leur coûtera certainement plus cher que si cette terre avait été cultivée; mais il sera cependant encore à meilleur marché que si ce terrain avait pu payer la dime et donner en outre un fermage, circonstance qui aurait empêché le propriétaire d'en interdire la culture.

Nous avons aussi reconnu que la dime est un impôt inégal, et par conséquent injuste. C'est lorsque cette taxe est perçue en nature qu'elle fait sentir toute sa rigueur, et c'est surtout alors qu'elle est nuisible aux progrès de l'agriculture : le propriétaire. chargé de toutes les avances, ne se soucie guères d'améliorer une terre dont un autre retire le principal profit ; le fermier, de son côté, n'est pas aussi rempli de zèle, parce qu'il sait qu'un tiers vient prendre nne portion dans les augmentations de récoltes qu'il a obtenus par ses soins, et que, par une conséquence forcée, le fermage suit une marche progressive continuelle. Le mode le plus avantageux d'acquitter la dime serait, à notre avis, de faire payer une somme en argent calculée par année moyenne.

La dime est donc par elle même un impôt établi sur le fermage. L'origine de cette contribution le prouve déjà assez, les curés ont pu être considérés comme propriétaires antérieurs aux possesseurs actuels; si on considère la dime comme un impôt pour les besoins du culte, cela n'empêche pas qu'elle ne retombe encore sur les propriétaires. Sous le régime féodal les propriétaires exploitaient leurs fermes par euxmêmes ou par des serfs qui proprement n'avaient rien à eux ; la dime était par suite prise hors du revenu des proprietaires fonciers. La dime ne donne donc pas aux agriculteurs le droit de demander des restrictions contre le commerce d'importation des grains: car établir une prohibition, c'est faire dégénérer la d ime en impôt sur les consommateurs. L'existenre même de la dime est un motif pour ne pas admettre de restrictions, parce que des prohibitions donneraient des avantages injustes à une classe aux dépens de toute la communauté, ce qui certainement ne putexister dansun pays de droit commun, où la loi ne doit pas forcer le grand nombre d'acquiter les charges qu'on a voulu faire peser sur une seule classe; la liberté de l'importation des grains est d'ailleursle seul moyen de rendre à cet impôt sa destination première. Ainsi loin que la dîme soit un motif de resteindre l'importation des céréales, elle est au contraire une cause pour anéantir les prohibitions dans les pays où des mesures pareilles ont été adoptées, contre le commerce d'importation des céréales-

§ QUATRIEME.
De la taxe des pauvres.

La taxe des pauvres est un impôt tout particulier à

l'Angleterre. Nous ne démontrerons point combien est nuisible une taxe en faveur des pauvres, taxe qui en dernier résultat ne sert qu'à entretenir une foule de fainéants aux frais de la communauté nous nenous en occuperons ici que relativement à l'influence qu'elle peut exercer sur le commerce des céréales; nous rechercherons principalement si c'est le propriétaire où le fermier qui paie cet impôt.

Remarquons d'abord que l'agriculture ne supporte pas seule cette charge, puisque les villes doivent y contribuer ; cependant il est possible que les paroisses des campagnes paient une part plus forte dans l'impôt que les villes. Cette taxe ne peut donc servir de prétexte à la prohibition de l'importation des céréales, puisque les fabricants des villes pourraient, de leur côté, avec autant de droit, exiger des lois prohibitives ou tout au moins restrictives de l'importation des objets manufacturés. Les agriculteurs contribuent à acquitter cette taxe d'après la valeur de leurs fonds, sans que le consommateur en souffre. On a objecté cependant que si le fermier d'une terre de mauvaise qualité consent malgré l'impôt à faire des améliorations, c'est que le consommateur paie la taxe, puisque sans cela le fermier ne ferait pas la moindre dépense pour bonifier la terre, et l'on ajoute qu'il en est de même lorsque le propriétaire, fait lui-même l'avance des fonds nécessaires pour les améliorations. Quoiqu'il en soit, cette objection nous parait sans fondement : tout ce qu'elle prouve, c'est que malgré la taxe des pauvres. cultiver et améliorer la terre est l'emploi le plus favorable des capitaux, parce que l'accroissement des richesses et l'augmentation de la population exigent beaucoup de produits bruts. Sans doute si le fermier a fait des avances, des améliorations, lui seul retirera le profit de ces avances, de ces améliorations pendant la durée du bail ; que si le propriétaire les a faites, il obtiendra incontestablement un fermage plus élevé. Dans la première hypothèse, le bail expiré, la concurrence fait retomber les profits du fermier au taux ordinaire, et tout l'avantage sera recueilli par le propriétaire ; mais aussi la taxe tombe sur celui-ci car il ne reçoit de fermage quedéduction faite de cette taxe, sauf l'augmentation de revenu qui peut résulter de l'extension qu'à reçue la demande des produits en effet le fermier , avant d'entreprendre l'exploitation d'une ferme , déduit du fermage qu'il offre au propriétaire , tout le montant de la taxe des pauvres, puisque cette taxe ne peut peser sur le consommateur que par le moyen d'un monopol. Le propriétaire ne paie cependant que la différence existant entre l'impôt des campagnes et celui des villes, parceque ce surplus seul est spécial à l'agriculture.

En Angleterre , une grande partie des terres ne sont pas soumises à cette taxe ; les propriétaires des fonds qui y sont sujets, doivent se contenter d'un fermage plus faible que celui que rendent les terres libres. Cette différence est la cause d'un phénomène singulier que présente ce royaume : les campagnes et les villes qui sont soumises à la dime et à la taxe des pauvres , forment une espèce de royaume à part chargé d'une imposition directe générale ; les habitants de l'autre partie de l'Etat faisant le commerce avec les provinces soumises à cet impôt particulier , recevraient des blés dont le prix aurait été augmenté par l'impôt si les relations commerciales n'étaient pas parfaitement libres entre les deux parties du royaume. Cet impôt , qui dans cette supposition , aurait été payé fort injustement par les consommateurs des districts grevés de la taxe , retombe nécessairement sur le propriétaire, contre qui il est en réalité dirigé : C'est la raison pour laquelle on a remarqué que dans les provinces chargées de ces taxes , les fermages sont plus faibles. L'industrie agricole et l'industrie manufacturière n'éprouvent donc pas le moindre découragement dans cette partie de l'Etat car l'impôt pèse d'une manière égale sur les uns et sur les autres, puisque les propriétaires fonciers paient l'excédant de la taxe des pauvres spécial à l'agriculture.

Les habitants du royaume, en commerçant avec la partie chargée de l'impôt, doivent accepter des objets dont le prix est haussé par la taxe des pauvres; car l'argent et les billets de change ne peuvent longtemps servir à eux seuls à payer toutes les marchandises que l'on achète; les métaux précieux perdent bientôt de leur prix dans le pays qui ne reçoit que ces seules choses; quant aux billets de change le cours serait en peu de temps défavorable aux provinces soumises aux impôts particuliers. Le commerce fait donc supporter la taxe des pauvres par tout le pays, sauf l'excédant dont nous avons parlé, lequel tombe sur les propriétaires.

On a soutenu que le mode de percevoir la taxe des pauvres, la ferait payer tantôt par le propriétaire, tantôt par le consommateur. Nous ne croyons pas que le mode de percevoir une taxe, puisse tellement changer la nature de l'imposition qu'elle passe de celui qui en est chargé à d'autres personnes; cependant le mode de perception peut être plus ou moins vicieux, plus ou moins nuisible. Ce que nous venons de dire, peut s'appliquer aux autres taxes spéciales à l'agriculture, lorsqu'elles surpassent leurs équivalents dans les villes, et lorsque l'on ne peut les rejeter sur le propriétaire : cet excédant pèse avec injustice sur l'agriculteur, augmente les difficultés de production, et conséquemment éloigne les capitaux de la culture.

En résumé, le fermage n'est affecté de la taxe des pauvres que pour autant qu'elle soit supérieure à l'impôt des pauvres payé dans les villes : la raison en est simple; la somme des produits des fermes sujettes à cette taxe reste ce qu'elle était avant la taxe, et ces produits approvisionnent le marché intérieur concurremment avec les récoltes des terres libres de cette charge. Ainsi, pour que les produits des fonds soumis à cet impôt puissent se vendre, les propriétaires sont forcés d'acquitter l'excédant de la taxe des pauvres, particulier à l'agriculture et partant ils doivent se contenter d'une moindre redevance dans leurs conventions avec les fermiers; le résultat est le même si le commerce étranger des grains étant défendu, une partie du pays n'est pas aussi fortement imposée que l'autre ; les provinces chargées des impôts les plus faibles, font baisser les prix , par conséquent les fermages des terres grevées des taxes sont moins élevés, et les propriétaires, à moins de tout perdre, doivent souffrir cette diminution dans leurs revenus. Mais lorsqu'une imposition frappe généralement toutes les industries d'une province, les agriculteurs des autres districts, en venant vendre leur grain dans cette province, doivent payer la taxe, car ils reçoivent en échange des objets qui l'ont acquittée. Les fermages, dans cette hypothèse, n'éprouveraient pas d'altération dans les deux provinces, à moins que les communes rurales ne fussent plus fortement imposées que les villes. Dans ce cas, la redevance foncière devrait, dans la partie du royaume la plus imposée, baisser de tout le montant de la différence existant entre les contributions des villes et des campagnes. Que si de pareilles impositions font établir des restrictions, les cultivateurs n'en profitent que pendant la durée des anciens baux; tandis que les propriétaires, lors du renouvellement, obtiennent par la concurrence des fermiers des profits extraordinaires qui leur restituent toutes les pertes qu'ils auront éprouvées et même au delà; cette compensation se fait évidemment aux dépens de la généralité des habitants. Gardons-nous donc de remèdes pires que les maux déjà existants; d'ailleurs si la protection naturelle qui résulte des frais de transport et d'assurance, ne rétablit pas l'équilibre, il faut que l'industrie agricole soit devenue bien peu productive dans ces districts, et dans cette hypothèse, il vaut mieux se livrer à d'autres entreprises.

———◦◦◦◦◦———

§ CINQUIÈME.

Des taxes indirectes spéciales à l'agriculture.

Il est impolitique et injuste d'imposer une industrie plus fortement que les autres, parce que toutes concourent à augmenter la prospérité et les richesses du pays. Dans un état bien constitué, les charges doivent donc être supportées par tous, parce que agir autrement, c'est

Introduire des priviléges en matière d'impôt : mesure toujours odieuse, qui fait tarir une des sources de la fortune publique.

Au premier abord, il semble qu'une taxe indirecte sur l'industrie agricole doive être contrebalancée par un droit d'entrée équivalent sur les blés étrangers, et que ce moyen soit le seul de maintenir l'égalité entre les productions indigènes et étrangères. Une première observation : c'est qu'il serait beaucoup plus simple et beaucoup plus équitable d'anéantir une taxe qui tombe injustement sur une portion du peuple ; mais si, au lieu de suivre cette marche, on établit un droit sur l'importation, on fait alors peser sur tout le pays un impôt qui dans le commencement ne frappait que quelque -uns; on fait supporter par la communauté entière les fautes du gouvernement; le mal qui primitivement était partiel, devient général par le remède qu'on lui oppose.

Le résultat des restrictions, n'est-il pas de hausser le prix de l'objet qui jouit de cette protection, sans élever celui des autres produits ? Et cette hausse n'est-elle pas ordinairement beaucoup supérieure à ce qui est nécessaire pour contrebalancer l'effet de la taxe indirecte ? Cette mesure de protection a donc pour résultat d'accorder une prime à quelques producteurs au détriment des consommateurs, et de diminuer les profits que donnaient les entreprises qui étaient restées exemptes de ces impôts nuisibles ; elle a ainsi pour résultat de détourner de ces industries les capitaux et le travail. Ce mode de réparer les vices des lois financières , arrête l'accroissement des richesses et de la population, qui toujours suit les mouvements progressifs ou rétrogrades de la prospérité : si le commerce avait continué à jouir de la liberté, le cours naturel des choses aurait bientôt dédommagé la classe surchargée, le nombre des habitants aurait augmenté et aurait exigé une quantité plus forte des produits de cette industrie; une hausse dans le prix de ces articles en serait résultée, et cette hausse forme la compensation la plus juste et la plus durable.

Et puis, que de difficultés pour asseoir sur des bases justes un droit de protection!

Il faut, en premier lieu, déterminer quel est le montant de la taxe indirecte imposée sur l'agriculture, calcul très-difficile, pour ne pas dire impossible; il faut ensuite reconnaître quelles sont les charges qui grèvent les autres industries, et en comparant les chiffres des impôts qui frappent tant l'agriculture que l'industrie manufacturière, on parvient à fixer le montant du droit qu'il faut imposer sur l'introduction du grain étranger. Les recherches ne se bornent pas à cette seule opération! pour que ce droit ne soit ni trop élevé ni trop bas, on doit encore combiner avec les impôts nationaux les taxes qui existent dans les pays étrangers et les frais de transport des céréales venant de l'extérieur; car si le droit est trop faible pour compenser la perte qu'éprouve l'agriculture, le droit d'entrée est une mesure inutile, sans résultat; que si ce droit est trop élevé, c'est alors dépouiller les uns pour enrichir les autres, c'est procurer des profits hors mesure aux propriétaires, car eux seuls en dernier résultat profiteront de ces lois, la concurrence des fermiers réduira forcément leurs bénéfices sur les terres de qualité supérieure, et, ce qui est bien plus funeste, on abandonnera des branches utiles pour cultiver des terrains très-mauvais.

En supposant même que cette taxe sur les grains étrangers soit calculée avec tant d'exactitude qu'elle contrebalance l'imposition sur la production du grain, les effets désastreux qui en résulteraient pour les autres industries, les conséquences terribles qu'elle aura surtout dans les temps de disette, doivent suffire pour détourner tout gouvernement d'adopter des mesures de ce genre.

Si la taxe indirecte pèse avec plus de force sur l'agriculture que sur les autres industries, le fermier, pour faire les profits ordinaires en exploitant les terrains de qualité inférieure, doit hausser le prix du grain, ou abandonner la culture de ces terres. Cette alternative est un

attrait pour l'étranger, pourvu toutefois qu'il soit moins
imposé que nous: la concurrence du blé étranger fera baisser dans notre pays le prix de cette denrée, et fera par une
conséquence nécessaire abandonner la culture des terrains
peu fertiles; les capitaux et le travail qui étaient engagés
dans l'exploitation de ces fonds, passeront aux manufactures, parce que celles-ci donnent plus de bénéfice, et en effet le commerce d'importation des grains ayant pris plus
d'extension, l'exploitation de nos produits manufacturés
devra aussi s'étendre, puisque personne ne peut acheter
sans donner en échange des produits de son industrie.
Une taxe spéciale sur l'agriculture a pour effet d'augmenter les frais de production; augmenter les frais de production sur une terre fertile est la même chose que si
l'on avait recours à des terres d'une qualité inférieure,
et lorsque l'on est forcé de défricher des terres moins
fertiles, il est plus avantageux de produire des objets
manufacturés avec le capital que l'on veut employer à la
culture. Par ce moyen, on peut obtenir à moins de frais
la quantité de grains nécessaires pour suppléer à ce qui
manque dans le pays. Cette marche doit toujours être suivie dans le cas d'une stérilité fictive, résultat des mesures
administratives : c'est la seule voie qui empêche
que des taxes mal conçues ne produisent les effets les
plus universellement nuisibles; mais adopter des lois
prohibitives ou des restrictions pour contrebalancer ces
impositions, c'est diminuer les profits des diverses branches de l'industrie, c'est enfin forcer les consommateurs
d'acheter au prix de monopole les denrées de première
nécessité, et c'est procurer ainsi des fermages fort élevés
aux propriétaires et des profits très-minces aux capitalistes.

§ SIXIÈME.

Des fluctuations dans le prix des grains.

Les restrictions mises à l'importation, ont encore un

autre effet bien désastreux : elles produisent une fluctuation continuelle dans le prix des céréales. Les taxes
spéciales à l'agriculture, font abandonner toutes les
terres qui ne peuvent rendre les profits ordinaires : dans le cas de restrictions à l'importation, il
faut, pour pouvoir approvisionner le pays, recourir aux
terres de qualité inférieure ; le capital nécessaire à la
culture, au lieu d'être diminué, doit au contraire être
augmenté, par la raison qu'il faut et payer les taxes et
trouver le capital nécessaire pour mettre en friche ces terrains peu fertiles ; le fermage seul des bonnes terres
hausse, et les profits des autres industries diminuent forcément. Défendre ou restreindre l'importation, c'est
donc accumuler maux sur maux ; en effet, ces taxes pla-
cent le pays dans une situation telle qu'il est avantageux
d'abandonner les terrains d'une qualité inférieure et d'é-
tablir des manufactures. Il faut donc éviter que cet état
factice ne fasse baisser les profits que rendent les autres
industries, et n'amène ainsi l'émigration des capitaux.
  L'accumulation des capitaux arrêtée, la population ne
pourra plus augmenter : trouvant moins de moyens de
s'employer, elle diminuera forcément ; la demande des
céréales tombera, et les fermages, d'abord élevés, seront
bientôt réduits au dessous de leur ancien taux, désastres
qui n'auraient pas lieu en laissant l'importation complètement libre, car le prix du grain ne se serait guères
élevé, si même une hausse s'était fait sentir. Ces restrictions tendent donc à entraîner les propriétaires fonciers
dans la ruine commune, bien que dans le commencement ils aient fait des gains disproportionnés à leurs
pertes antérieures.
  Ce n'est pas encore tout : il y aura fluctuation perpétuelle dans le prix des céréales, et rien n'est plus facile à prouver. En supposant que le prix de la rasière
soit porté par les taxes au taux de 50 francs, et que le
prix de la même rasière soit de 30 francs dans les autres
pays, il faut, pour pouvoir exporter dans une année d'a-
bondance, que le prix de la rasière demeure assez en dessous de 30 francs, de sorte que les frais de transport ne

fussent pas surpasser ce taux ; autrement, les étrangers refuseraient nos produits La baisse sera peut-être de 55 % ou 60 % ; les agriculteurs auront donc une existence précaire, et seront placés dans la dépendance des propriétaires ; et toute amélioration dans la culture deviendra impossible. Ces mouvements dans les prix auront une influence bien funeste sur les différentes classes de la société : les salaires ne pourront prendre une assiette ferme, l'état des ouvriers qui ne gagnent que le strict nécessaire, sera toujours incertain, et, d'un autre côté, les industriels ne pourront jamais être sûrs du montant probable des bénéfices qu'ils doivent retirer d'une entreprise.

On a nié, il est vrai, que les fluctuations dans le prix des céréales fussent un résultat des restrictions, et l'on a prétendu que les lois prohibitives donnaient aux produits agricoles un prix constant ; et pour le prouver, on a dit qu'en Angleterre pendant une longue période de 1655-1815, sous les lois prohibitives du commerce des grains, les prix étaient restés assez bas, mais qu'ils s'étaient augmentés et qu'ils avaient fluctué sous le système de liberté : un premier fait à noter à cet égard, c'est que Adam Smith (livre IV, chap. V) déclare que dans les années de disette on suspendait ces lois prohibitives, à cause de la misère du peuple : « La nécessité de ces statuts de circonstance, ajoute-t-il, est une démonstration suffisante de l'inconvénient du statut général. » On donnait en outre des gratifications à l'exportation, pour empêcher que dans les années d'abondance il n'y eût trop de grains ; par ce dernier moyen, on empêchait le prix de baisser, et par la suspension de la prohibition d'importer, jointe à la défense d'exporter, on arrêtait une hausse trop forte. Le système prohibitif n'empêche donc pas les fluctuations, puisqu'à chaque instant il faut changer de législation. Nous allons pour le prouver présenter le tableau que vous donne la *Revue parlementaire*, session 1826 :

ANNÉES.	PRIX BAS.		PRIX ÉLEVÉS.		DIFFÉRENCE.	
1680	42 fr. 15 (1) le quarter ou 22hec-		69 f. 30		27 f. 18	
1690	26	10 tolitres 86 décalitres.	49	38	23	19
1700	54	17	68	94	54	77
1710	25	98	79	18	53	20
1720	53	32	54	70	19	38
1730	54	73	54	70	19	96
1740	26	70	53	82	29	06
1750	25	05	46	27	21	22
1760	34	17	60	30	26	22
1775	27	10	65	52	38	42
1785	58	15	59	82	21	67
1795	44	44	82	04	37	60
1805	56	98	132	20	75	22
1815	82	04	139	61	57	57
1825	48	98	107	13	58	15

Ce tableau nous montre que les prix ont été assez constants dans l'époque de 1775-1795 ; or en 1775 les lois anglaises ont été changées. Le fait est donc contraire aux prétentions des adversaires du système de liberté. Si après ce temps, la fluctuation s'est fait sentir, cet événement est dû aux circonstances dans lesquelles se trouvait l'Angleterre : la population avait suivi la marche progressive des capitaux, il fallait et on demandait plus de grains ; dans le même moment la guerre commença avec le continent, et la France fit admettre dans toute l'Europe le système continental : ces deux causes occasionnèrent une hausse inévitable ; d'un autre côté, l'importation était empêchée dès que le prix n'était pas au maximum. Nous pouvons donc dire que plus il y a de liberté dans le commerce, moins il y a de fluctuation dans le prix des céréales, et plus il y a d'aisance dans les différentes clas-

(1) Toutes les réductions ont été faites d'après l'ouvrage du marquis Garnier, traduction d'Adam Smith, vol. VI, Paris, 1822.

ses de la société : les agriculteurs reçoivent un prix convenable pour leurs produits, et les industriels obtiennent leur pain au même prix que les étrangers, ce qui, en permettant au pays de rivaliser avec les autres peuples, augmente sa prospérité en général, et particulièrement celle de l'agriculture.

Lorsque des impôts indirects pèsent sur l'agriculture, il ne faut donc pas restreindre l'importation : il faut révoquer ces taxes ou laisser les choses suivre leur cours naturel. D'ailleurs, déterminer exactement le montant du droit à frapper sur les grains étrangers, c'est chose impossible : il faudrait, pour cela, connaître la hauteur réelle des taxes nationales et étrangères sur l'agriculture ; il faudrait encore connaître l'import exact de l'impôt spécial à l'industrie agricole, calculé relativement aux charges qui affectent les autres industries : l'étendue de toutes ces investigations prouve leur impossibilité, et ce n'est pas certainement sur des probabilités qu'on peut se fonder pour entraver le commerce qui fournit aux besoins les plus importants d'une nation ; il faut pour cela des données certaines hors de toute espèce de doute. Si ces taxes spéciales pèsent avec injustice sur les propriétaires ou sur les fermiers, il faut les anéantir ; ou si l'on ne veut pas employer ce moyen, il faut les laisser tomber sur une partie de la communauté, plutôt que de recourir à des mesures encore plus funestes dans leurs résultats.

Que le commerce des grains reste donc libre : c'est le seul moyen de réparer les maux qui naissent de ces taxes particulières, c'est le seul moyen qui donne l'espoir fondé qu'un jour on pourra recourir avec utilité aux terres que l'on a abandonnées à cause de leur peu de fertilité.

On entend dire tous les jours que les prohibitions seules peuvent soutenir l'industrie agricole, que ce système est le seul qui assure à l'agriculteur les profits qu'il peut légitimement espérer. En examinant de près cet axiome, nous en reconnaîtrons bientôt toute la fausseté. Faire **des profits égaux à ceux que l'on obtient ordinairement**

des capitaux et du travail employés dans les autres branches de l'industrie humaine, c'est tout ce que l'agriculteur peut raisonnablement demander; car il retire alors,
proportionnellement à ses avances, autant de bénéfices
que les autres industriels. Or telle est la situation dans
laquelle se trouvent les cultivateurs, à moins que l'on
n'ait défriché des terres de trop mauvaise qualité, faute
dont les conséquences doivent retomber sur l'auteur. Il
suffit donc d'imposer sur les céréales importées, un droit
d'entrée pour contrebalancer les taxes directes spéciales
à l'agriculture, c'est la seule protection à laquelle l'industrie agricole ait droit, c'est la seule protection que l'on
puisse et que l'on doive lui accorder.

CHAPITRE VI.

Est-il nécessaire d'adopter le système prohibitif pour assurer l'existence de l'agriculture ?

Un droit d'entrée autre que celui que nous venons d'indiquer aurait pour résultat de donner aux grains indigènes, un prix de monopole dans le marché intérieur. Or le monopole est généralement une institution féconde en mauvais résultats : car du moment que pour lutter à l'intérieur, le producteur national, qui ne peut plus travailler à aussi bon compte que les étrangers, a besoin d'être protégé par des lois prohibitives ou restrictives de l'importation, le consommateur doit payer plus cher les objets dont il a besoin ; d'un autre côté, les revenus de la nation subissent forcément une diminution, parce qu'on lutte contre le cours naturel des choses en essayant de maintenir une industrie qui ne peut plus se suffire : en principe, le revenu que donne la vente du produit doit au moins remplacer tout ce qu'il a exigé de dépenses ; ainsi maintenir une branche qui ne donne pas le taux le plus bas des profits, c'est occasionner un déplacement injuste des richesses, et de plus c'est diminuer la somme des capitaux employés à alimenter l'industrie : en effet, on produit certains articles dans le pays à plus grands frais qu'à l'étranger, d'un autre coté l'on néglige la production des articles pour lesquels le pays a le plus d'aptitude ; et par suite l'accumulation des capitaux ne peut prendre tout son développement, l'industrie et la population sont forcées de rester stationnaires, lorsqu'elles ne tendent pas à décliner. Inutile de dire que tout perfectionnement dans l'industrie est rendu impossible par le monopole, parce que les producteurs privilégiés, n'ayant pas à redouter la concurrence des marchands étrangers, sont sûrs de trouver dans le pays du débit pour des produits peu perfectionnés.

Protéger l'agriculture par des lois prohibitives, c'est vouloir arriver à des résultats analogues à ceux que nous venons de signaler. Sans doute l'industrie agricole a droit à une protection égale à celle qu'on accorde aux autres industries, mais on ne doit point aller jusqu'à défendre l'importation des céréales : c'est là une mesure aussi mal entendue qu'impolitique. N'est-il pas vrai d'ailleurs que les terres doivent être d'une très-mauvaise qualité, lorsque, malgré les frais de transport qui pèsent sur le blé étranger, elles ne peuvent donner de bénéfice au cultivateur? Et il ne faut pas croire que les fermiers retirent grand profit des lois prohibitives ou restrictives de l'importation des céréales. Non, c'est le propriétaire foncier seul qui en recueille tout l'avantage. En effet, le fermage naît de la différence qui existe dans la fertilité et dans la situation des divers terrains; il doit par suite hausser dès qu'on a recours à des terrains moins fertiles. Or le commerce extérieur des grains n'est restreint que pour forcer le pays à se nourrir des blés nationaux, au lieu de tirer des pays étrangers une partie de l'approvisionnement nécessaire; pour arriver à ce résultat, l'agriculture intérieure doit produire une plus forte quantité de produits ; il y a par suite nécessité de recourir à des terrains de qualité inférieure, et de là naît une hausse inévitable dans les taux du fermage.

Il y a encore une autre cause de hausse des fermages, la prohibition fait monter le prix des céréales, les fermiers pourraient par là faire de grands profits, mais la concurrence divise les cultivateurs et procure au propriétaire ces grands bénéfices: le fermier se contente, lui, du bénéfice le plus minime, et le propriétaire parvient à s'enrichir aux dépens du consommateur. Ainsi demander une protection autre que celle dont nous avons parlé, c'est vouloir que des fermages élevés soient payés au propriétaire ; ainsi porter des lois prohibitives contre l'importation des céréales sous le vain prétexte du bien-être de la classe des cultivateurs, c'est un mensonge, car ces lois ne sont faites en réalité que dans l'intérêt des propriétaires fonciers.

La défense d'importer et les droits d'entrée forcent le consommateur de donner pour les céréales du pays un prix plus élevé que celui qu'il aurait payé, si le commerce avait été libre; les revenus du consommateur diminuent, parce que pour maintenir les terres de qualité inférieure en culture il faut un déplacement de richesses. Le capital destiné à soutenir l'industrie générale est également amoindri, des frais plus considérables sont nécessaires pour cultiver la terre, et par suite l'accumulation des capitaux s'arrête ou marche plus lentement. La science agricole ne fait plus autant de progrès que si le commerce des grains était demeuré libre; beaucoup de terres, à la vérité, seront cultivées, mais le perfectionnement de l'agriculture ne consiste que dans des procédés meilleurs, plus expéditifs et moins coûteux; or, tout cela ne peut se faire que lorsque l'agriculteur est dans l'aisance, car c'est alors seulement qu'on songe à s'instruire et à faire des essais.

Dans le pays où les lois dites de protection ont établi une élévation artificielle dans le prix des grains par la prohibition des céréales étrangères, tout perfectionnement est extraordinairement difficile, même dans les circonstances ordinaires, à cause des fluctuations continuelles dans le prix des grains; on peut trouver dans ce pays une grande étendue de terres cultivées sans rencontrer des progrès notables dans la science agricole. Lorsque cette législation funeste existe, il faut se garder de l'anéantir brusquement, car c'est risquer de perdre la totalité ou tout au moins une grande partie des capitaux employés à la culture; quand des barrières aussi fortes ont créé un état factice, il ne faut les lever que peu à peu pour donner aux capitaux et aux hommes le temps de prendre sans secousse une autre direction.

Une objection assez forte, en apparence du moins, a été faite contre la liberté du commerce des grains : on a dit que les pays du nord de l'Europe et des bords de la mer Noire produisaient le grain à si bon compte que nos agriculteurs devraient cesser leurs exploitations ; dans ces contrées le servage subsiste encore , et les serfs ne reçoivent presque rien pour leurs travaux. Cette objection n'a pas de force réelle , il sera facile de le prouver : M. Jacob fut chargé par le gouvernement britannique de faire un voyage pour s'assurer du véritable état des choses; cet Anglais distingué a publié un rapport, dans lequel il a établi qu'il n'y avait rien à craindre de ce coté.

M. Jacob annonce qu'il a principalement dirigé son attention sur les provinces de la Prusse qui n'ont jamais été manufacturières, et il dit, en parlant des fabriques qu'on cherche à y établir, qu'elles paraissent être plutôt des créations du gouvernement que le résultat spontané des calculs délibérés de capitalistes cherchant à employer leur argent d'une manière avantageuse; il ajoute que les agriculteurs qui voudraient travailler au-delà du temps nécessaire pour la culture de leurs terres, trouveraient difficilement de l'emploi, et que dans les mois de l'hiver, qui est long et froid, on ne peut faire aucun ouvrage d'agriculture; le lin et la laine que ces hommes filent dans leurs cabanes, doivent servir à vêtir les familles; la graisse des animaux qu'on tue doit être convertie en savon et en chandelles; la viande , de quelqu'espèce que ce soit, ne sert que bien rarement de nourriture à ces familles, et il n'y a que celles qui sont dans un état d'aisance qui puissent entretenir une vache pour avoir du lait; les habitants de ces districts consomment presque tous leurs produits, et sont considérés comme heureux s'ils ont un excédant suffisant pour payer leurs faibles taxes générales et locales. Voilà pour les provinces reculées de la Prusse. En est-il différemment de la Pologne ou de la Russie? non, toutes ces observations, dit M. Jacob, s'appliquent à la Pologne et à la Russie, où le peu d'établissements manufacturiers qui existent, ne se soutiennent que par les secours du gouvernement; quant aux opérations agricoles, elles prouvent à la fois et le manque de capitaux et le manque de connaissances. Dans les provinces maritimes de la Prusse , le sol est si léger que deux bœufs de force et de grandeur moyenne peuvent facilement former le sillon, et même dans de petites parcelles de terrain, on voit souvent, d'après le témoignage de l'auteur, une vache seule traîner la charrue; les divers instruments aratoires sont aussi mauvais que le bétail, les charrues sont mal construites et ne sont garnies que de peu de fer, et il en est de même de tous les autres instruments. Tels sont les faits qui ont été constatés par M. Jacob.

Ces peuples ont donc de bien faibles capitaux et leurs manufactures ne sont guères considérables; par suite, il n'y a pas à craindre de voir les produits de notre agriculture supplantés par les céréales de ces pays, en supposant que le gouvernement de ces contrées abandonne le système prohibitif admis contre nos produits manufacturés. En effet, avant que ces pays puissent importer considérablement, il faut que les capitaux soient accumulés, et avant ce temps, notre population aura pris des accroissements suffisants pour soutenir notre agriculture.

Quant à l'Allemagne, si ses manufactures n'égalent pas les nôtres, au moins elles en approchent singulièrement; le prix du grain est baissé dans ce pays, et avec cette baisse les capitaux agricoles ont diminué : rien donc n'est à craindre de ce côté. En France et en Angleterre, les manufactures sont dans l'état le plus florissant; le système du minimum et du maximum est admis dans ces deux États : ainsi nous n'avons pas encore d'appréhensions de ce côté. Et quant aux États-Unis, leur éloignement et leur législation commerciale nous ôtent tout sujet de terreur. Ces considérations prouvent qu'il est impossible que ces pays puissent anéantir notre agriculture. L'expérience, d'ailleurs, a prouvé cette vérité: le commerce des grains est resté libre sous le gouvernement des Pays-Bas, et nos agriculteurs n'ont pas eu à se plaindre avec fondement de l'introduction du grain de ces contrées; néanmoins l'intérêt privé a fini par triompher et le système anglais a été admis dans notre pays: l'expérience a prouvé que ce système ne vaut rien, puisqu'à la première secousse il a fallu suspendre la loi. Espérons que plus éclairée, notre législature rapportera définitivement une loi aussi mal conçue que funeste dans ses conséquences. Sans doute l'accumulation successive des capitaux fera que l'agriculture suivra une marche progressive en Prusse, en Pologne, en Russie; mais leur population augmentera simultanément : dans notre pays la position ne sera pas différente, l'industrie amènera ce double résultat. Jamais donc nous n'aurons rien à craindre de l'état dans lequel se trouve ou pourra se trouver l'agriculture de ces nations.

Quant aux pays adjacents à la mer Noire , nous avons encore un rapport de M. Jacob *(Notices respecting the commerce of the black sea*, etc.), qui établit qu'il n'y a nul danger à redouter de ce côté. Nous croyons que présenter un résumé de ce rapport est la chose la plus propre à démontrer combien l'importation des céréales tirées de ces contrées, doit avoir peu d'influence sur le sort de l'agriculture nationale.

On ne doit pas s'imaginer, dit l'auteur, que la quantité de grain bonne à exporter soit fort considérable à Odessa, port principal : la plus grande partie des céréales qui arrivent par eau à Odessa, sont avariées à cause de la mauvaise construction des vaisseaux, et par suite ces blés ne peuvent être embarqués. Cependant on transporte aussi à Odessa du blé par terre, mais il faut noter que le grain reçu en Angleterre n'est que du grain tendre et non du grain dur; or, dans les années ordinaires, on amène dans cette ville à peu près la même quantité des deux espèces de blé : le grain tendre cependant est plutôt la qualité dominante, et il a été constaté que dans les années où les récoltes manquent dans les deux autres contrées, le grain dur amené à Odessa a surpassé le grain tendre dans la proportion de deux et quelquefois de trois à un; ce grain dur est importé dans les ports de la Méditerranée. On ne peut augmenter la quantité du grain tendre à volonté, par la raison que la terre doit être préparée un an d'avance; mais il en est tout autrement des grains durs :

on peut les semer quand déjà on prévoit une disette pendant l'année. Cette espèce de blé s'accommode donc très-
bien aux différentes températures. Il n'y a pas
de vaisseaux dans ce pays capables de faire de longs
voyages ; le besoin de ces vaisseaux est tellement senti, et
la fret est en conséquence si élevé pour les navires qui
sont propres à ce transport jusqu'en Angleterre, que les
marchands d'Odessa , dans leurs lettres circulaires à
leurs correspondants, leur recommandent d'envoyer des
vaisseaux de leurs pays, quand ils veulent spéculer sur
les céréales. Au contraire, le fret est beaucoup moindre
pour les ports de la Méditerrannée. Le grain est encore
une denrée soumise à de grandes variations de prix : ainsi à Odessa, dans le mois de mars 1817, il était à 58 s. 6
(66 fr. 65 c.) le quarter (22 hectolitres 88 décalitres), et
dans le mois de septembre, même année, il était à 41 s. 2
(46 fr. 81 c.) le quarter, ce qui faisait une variation de 50 %
sur six mois.

La misère des agriculteurs est telle dans ces pays que
l'on doit payer la moitié du prix avant que le grain soit
envoyé au port, et l'autre moitié lorsqu'il y est arrivé.
Le spéculateur anglais doit donc avancer la moitié de la somme avant d'être sûr de la livraison du
grain, et l'autre moitié avant d'être sûr de l'embarquement. Les vaisseaux envoyés d'Angleterre , peuvent être longtemps retardés aux Dardanelles ; dans
ce cas, le grain peut rester dans les magasins du marchand,
et lui occasionner de grandes pertes , s'il survient une
récolte abondante. La connaissance de la disette est si
rapidement communiquée aux contrées qui produisent
beaucoup de grain, que bien peu de personnes ont la
prévoyance d'acheter assez longtemps avant la pénurie.
Il y a encore une autre circonstance obstative à un commerce d'exportation active : on ne consomme que du blé
dans les pays situés sur les bords de la Méditerrannée,
tandis que dans les contrées sises sur les bords de la
Baltique et de l'océan Germanique, on se nourrit principalement de seigle, on y cultive fort peu le blé, et il est
rare qu'il n'y ait pas d'acheteurs dans les contrées voi-

sines pour les faibles produits en blés qui peuvent être exportés.

La différence des latitudes fait encore que nos récoltes ont fort peu d'influence sur le prix des grains à Odessa et dans les autres ports de la mer Noire. Les contrées des bords de la mer Noire et de la mer d'Azoff ont plus de débouchés que les pays de la Baltique et de l'océan Germanique : ils ont l'accès presqu'exclusif de la Méditerrannée et des côtes de l'Asie mineure, ces pays demandent beaucoup de grain ; Constantinople, et les îles Grecques ont besoin d'une forte quantité de céréales, qui sont fournies en partie par la mer Noire ; il en est de même pour les côtes de l'Asie mineure de l'empire Turc et pour l'Italie ; l'Espagne tire aussi son grain de la mer Noir par Marseille ; les côtes de Barbarie ont aussi quelquefois dû recourir aux céréales de ces contrées.

Maintenant comparons les profits qu'on peut faire en Angleterre et dans les ports de la Méditerrannée sur les céréales provenant d'Odessa.

Sans doute le prix du grain a toujours été plus élevé en Angleterre que dans les ports de la Méditerrannée, cependant cette supériorité de prix n'a presque jamais donné de bénéfice réel. La différence dans la durée du trajet a une influence particulière sur le grain, qui est sujet à s'échauffer quand il est resserré dans un espace étroit, comme dans les vaisseaux, et ce danger est plus que doublé quand on doit faire le voyage d'Angleterre. On risque encore d'éprouver un changement défavorable dans l'état des marchés par la prolongation du temps requis pour le voyage, et ce danger existe surtout pour le grain. Il y a encore un autre obstacle fort sérieux, il faut un grand capital pour ce commerce ; or l'équipage de chaque vaisseau dans le Levant forme une Société : il est par conséquent dans les intérêts des navigateurs de réaliser les profits le plus tôt possible pour les distribuer rapidement. Le fret d'Odessa, avec la prime, est de 18 s. (20 fr. 50 c.) par quarter ; quand on assure la cargaison, on ne paie que le prix moyen, pourvu que la perte monte à 10 % ou plus : on peut donc mettre l'assurance au taux moyen de 12 °/₀ sur le tout.

Divisons maintenant le voyage de Londres en trois parties: 1° d'Odessa au Levant, ce qui est un voyage d'un mois, le fret est de 61 s. (69 fr. 51 c.) par quarter, avec assurance de 4 °/₀; 2° d'Odessa à toutes les places entre Malte et le détroit de Gilbraltar, voyage de deux mois, fret de 12 s. (13 fr. 66 c.), avec 8 °/₀ d'assurance; 3° d'Odessa à Londres, trois mois, fret 18 s. (20 fr. 50 c.), assurance 12 °/₀. Dans la première division, en septembre 1814, le prix du grain était de 34 s. 4 d; dans la 2ᵉ, 42 s. 3 d; dans la 3ᵉ, 48 s. 3 d. il est plus avantageux pour les entrepreneurs de réaliser à Constantinople, un profit de 3 s. sur un quarter que 6 s. (6 fr. 80 c.) à Gênes ou 9 s. (23 r. 10 c.) à Londres, parce qu'étant navigateurs et marchands, ils gagnent sur chaque voyage en même proportion, il y a ainsi double bénéfice pour eux; le vaisseau arrivé en Angleterre, le prix est de 67 s. 6 d., mais le grain qui vient d'Odessa, est si avarié qu'il se vend 10 °/₀ moins que la qualité moyenne du grain indigène. Il est donc à peu près certain que les marchands d'Odessa n'abandonneront pas un gain assuré pour un bénéfice incertain. En 1816, il eût coûté 78 à 80 s. (89 fr. 9 c. à 91 fr. 6 c.), parce que le fret était de 24 s. (27 fr. 33 c.), en y ajoutant 10 °/₀ de prime. Voici un pour tableau 1820:

1ʳᵉ division. — A Odessa, le quarter . . . . . 27 fr. 33 c., soit 24 s.

		fr.	c.	s.
	Fret	6	80	6
	Assurance	1	12	1
		35	25	31
2ᵉ » » »		27	33	24
	Fret	13	66	12
	Assurance	2	23	2
		43	33	38
3ᵉ » » »		20	50	24
	Fret	27	33	18
	Assurance	6	34	3
		17	54	45

Dans la 1re division, à Fium, le prix était de 37 s. 1 d.
(89 fr. 57 c.); 2e division, Tunis, 63 s. (74 fr. 7 c.); Tripoli,
68 s. (77 fr. 50 c.); Naples, 50 à 56 s. (56 fr. 98 c. à 63 fr.
80 c.); Messine, 52 s. (59 fr. 25 c.); Salerne, 42 s. (47 fr. 66 c.);
Corse, 50 s. 9 d. (58 fr. 28 c.); Gênes, 41 s. (46 fr. 70 c.);
Nice, 44 s. 11 d. (51 fr. 53 c.); Marseilles, 89 s. (101 fr.
43 c.);

Le prix moyen en Angleterre, quand le vaisseau serait arrivé, eût été de 50 s. 9 d. (58 fr. 28 c.). résultat qui
prouve qu'il y aura toujours des marchés sur la Méditerrannée plus favorables que l'Angleterre.

Cet exposé, tiré de l'ouvrage de M. Jacob, s'applique en tous points à notre pays; car notre position géographique n'est guère différente de celle de
l'Angleterre, et chez nous le prix du grain étant inférieur au prix qu'on paie dans la Grande-Bretagne, il
y a encore plus d'obstacles à vaincre pour transporter
le grain de la mer Noire dans notre pays, surtout que le
bénéfice à réaliser n'est guère plus élevé chez nous que
dans les ports de la Méditerranée. L'objection que nous
avons combattue n'en est donc réellement pas une, et elle
se retorque même contre ceux qui l'ont faite; car ce grain
ne pourrait arriver dans notre Belgique que quand les
prix sont extraordinairement élevés, et il faudrait de plus
que les vaisseaux fussent envoyés de notre pays, par la
raison que les vaisseaux de la mer Noire ne peuvent
servir à un voyage de si long cours.

Nous croyons avoir démontré que les prohibitions ne
sont pas nécessaires pour assurer un prix convenable
aux produits agricoles; et qu'en supposant que ces pays
éloignés pussent vendre le grain à un prix plus bas que
le blé indigène, il serait encore dans ce cas fort utile de
laisser le commerce libre. par la raison que nous serions
pourvus de grain au prix le plus bas, et que nous pourrions employer nos capitaux et le travail de nos ouvriers dans les autres branches de l'industrie, qui
seraient, dans cette hypothèse, plus avantageuses
que l'agriculture. D'un autre côté, la liberté du commerce des grains est encore le moyen le plus sûr et le

plus rapide de hâter l'accumulation des capitaux et l'augmentation de la population. Sous ce point de vue , il est même oiseux de montrer la futilité de tous ces arguments contre le système de la liberté du commerce des grains; nous nous abstiendrons de pousser plus loin nos observations.

Nous allons maintenant examiner ces restrictions sous un rapport purement politique.

CHAPITRE VII.

En admettant que des restrictions mettent le pays à même de produire des céréales en quantité suffisante pour nourrir la population, faut-il en établir, ou conserver celles qui existent ?

On a prétendu que si l'on défendait l'importation, ou que si tout au moins on la renfermait dans des limites bien déterminées, le pays produirait des céréales en quantité proportionnée aux habitants. Cet argument paraît à la première vue décisif en faveur des prohibitions, mais il n'est que spécieux ; un auteur distingué, M. Say, a hésité devant l'objection, et n'a pas osé se décider pour la liberté du commerce de grain: « Il faut « bien, dit-il (p. 213, v. I, éd. Brux. 1827), rétablir l'é- « quilibre naturel rompu par d'autres abus. » Quant à nous, nous ne pensons pas qu'un abus puisse réparer les résultats fâcheux d'un autre abus; nous croyons qu'au lieu de souffrir un mal unique, la nation, par cette manière de rétablir l'équilibre, est frappée d'une double plaie. En laissant libre l'importation des céréales, un commerce réciproque s'établit entre le pays et les autres nations du globe ; l'agriculture fera des progrès chez ces peuples et chez nous; nos manufactures, ayant plus de débouchés, prendront de grands développements; car si nous avons besoin de céréales, ces pays étrangers ont besoin, de leur côté, d'objets manufacturés tout aussi nécessaires à l'homme que la nourriture, tels que les produits qui servent au vêtement de l'individu ; le commerce une fois régulièrement établi entre ces contrées et notre pays, il faudrait de bien grands bouleversements politiques pour anéantir des relations commerciales dont l'intérêt des deux peuples exige la continuation, l'extension même. En cas de rupture, le peuple qui perdrait le plus sera le peuple agricole; la raison en est simple : la nation manufacturière peut aller chercher ailleurs ce qui lui est nécessaire , ou même cultiver ses propres terrains ; elle peut en effet employer à la culture ses capitaux , dès qu'il y a profit et avantage à défricher le sol. Les peuples agricoles n'ont pas l'avantage de pouvoir changer de marché à volonté : les pays qui n'ont pas de relations suivies avec ces contrées, n'ont nécessairement pas un aussi grand besoin de céréales que le nôtre ; d'un autre côté, ces autres peuples peuvent ne pas posséder les produits manufacturés dont le besoin se fait sentir dans le pays agricole ; et enfin une dernière circonstance extrêmement nuisible aux contrées agricoles, c'est la différence essentielle qui existe entre le grain et les autres marchandises: le grain, par le plus léger retard, est sujet à éprouver de grandes détériorations, sans compter que sa valeur varie constamment. Toutes ces circonstances tournent au détriment du peuple agricole, et ne sont de nulle importance pour le pays industriel.

Nous irons plus loin, supposons une guerre, supposons que le pays avec lequel nous faisions le commerce des grains nous ferme ses portes: le pays ne périra pas pour cela, il aura des relations avec d'autres contrées. Que si l'on pousse l'objection à ses derniers termes, et que l'on dise que le peuple avec lequel nous sommes en guerre, peut parvenir à faire alliance avec les autres nations, et à nous fermer tous leurs ports, cette hypothèse ne prouverait encore rien. Une pareille alliance est d'abord singulièrement problématique, et d'ailleurs dans le cas où l'Europe entière se liguerait contre nous, nous pourrions faire venir ce qui nous est nécessaire soit de l'Amérique soit des autres parties du globe. Car on n'a certainement pas encore vu et l'on ne verra jamais les quatre parties du monde se liguer pour exterminer un seul peuple; l'histoire n'en offre pas d'exemple et même une pareille alliance de l'Europe seule est presque impossible à concevoir; il est même positif que l'intérêt des peuples ferait toujours violer ces traités, l'histoire l'a prouvé: la main de fer de Napoléon n'a pu maintenir la rigueur du système continental. La fraude est le correctif de tout système absolu en douane : les profits probables que l'on peut espérer, sont un stimulant aussi actif que puissant, et le contrebandier, mû par l'appât du grain, court affronter tous les dangers. De pareils traités entre nations sont d'ailleurs des monstruosités qui ne reçoivent jamais dans tous les pays confédérés une exécution également parfaite, leur existence ne peut jamais être bien longue parce que l'ambition d'un seul gouvernement ou de quelques hommes ne peut maintenir des conventions semblables, et la preuve de ce que nous avançons, résulte de ce que tous les jours on voit tomber dans le néant des traités conçus dans l'intérêt direct et unique de ces mêmes gouvernements. L'histoire moderne en offre des exemples multipliés, un simple motif de jalousie a suffi pour anéantir les traités les mieux combinés dans l'intérêt des chefs des Etats, et de là nous tirons la conséquence qu'un traité opposé à l'intérêt bien entendu des peuples, ne peut se maintenir bien longtemps par la volonté d'un seul ou de quelques-uns.

Que si l'on a vu dans la dernière guerre européenne une coalition générale, ce fait est un phénomène produit par des circonstances extraordinaires qui probablement ne se représenteront pas de sitôt, si toutefois elles se représentent jamais; cette guerre même a prouvé qu'un pareil système ne peut jamais s'exécuter à la rigueur. Aussi la France elle-même, dans la plus grande fureur du système continental, a-t-elle eu un commerce assez suivi avec l'Angleterre : les registres des douanes anglaises en sont la preuve, et probablement ils n'énoncent pas encore le vrai montant de ce commerce, parce que l'on ne déclare jamais le tout. Cette guerre mémorable a encore prouvé que le pays menacé ne doit pas nécessairement succomber, les ressources que le peuple tire du commerce le mettent à même de soutenir avec succès une guerre longue; aussi le géant qui menaçait l'Angleterre a fini par succomber.

Les peuples commerciaux sont donc loin d'être les plus faibles; en effet nous avons vu dans la dernière guerre, l'Angleterre, qui était la plus faible sous le rapport du territoire, triompher du grand empire français. Que si nous remontons à une époque un peu plus reculée, nous trouvons que dans les temps de sa prospérité commerciale, la Hollande, après avoir conquis l'indépendance, a su résister au plus puissant des rois de France, qui était allié à l'Angleterre. L'histoire ancienne fournit aussi des exemples qui attestent la vérité de ce que nous avançons: les Phéniciens n'auraient pas été en état de résister aussi longtemps à la toute-puissance d'Alexandre-le-Grand, sans les richesses qu'ils avaient acquises par le commerce; les Carthaginois auraient-ils pu balancer la fortune romaine, si Carthage n'avait été la première ville commerçante du monde? C'en est assez pour démontrer que l'étendue du territoire n'est pas ce qui constitue la vraie force d'une nation.

Mais quelle serait donc la position du pays, si un ennemi parvenait à le bloquer de tous côtés? Cette supposition, en elle-même, n'est guère vraisemblable; mais en admettant qu'elle soit possible, il faut nécessairement reconnaître qu'il sera fort inutile pour le pays d'avoir beaucoup de céréales; car la puissance qui pourrait nous entourer de telle sorte que nous ne pussions rompre le blocus, possède nécessairement les moyens de nous soumettre, parce que la conquête est plus facile que de fermer toutes les issues d'un pays; or la puissance qui peut étendre sa domination par la soumission des pays ennemis, ne s'amuse pas à établir un blocus. Cependant si l'ennemi se contentait de mettre un blocus, il serait encore fort inutile de posséder du grain; car, dans une question ainsi posée, il ne s'agit pas d'avoir des magasins bien remplis, mais il faut, à peine d'être effacé du rang des nations, rompre les barrières dont l'ennemi a entouré le pays: victorieux, nous serons aussi abondamment pourvus que nous le voudrons; vaincus, le meilleur parti à prendre est de se soumettre à la force. Tout le blé que nous pourrions posséder, ne nous servirait donc à rien, parce qu'il fallait empêcher le blocus, parce qu'il fallait le forcer quand il a été établi. Cette supposition ne conduit donc pas à une

solution en faveur des restrictions; et d'ailleurs, jamais
un ennemi puissant ne s'amusera à enfermer un peuple
dans ses limites sans l'entamer, c'est chose trop difficile, si elle n'est pas impossible, les frais qu'exige-
rait le maintien des lignes seraient si considérables, qu'il
sera toujours beaucoup plus facile et moins dispendieux
d'occuper tout le royaume.

En faisant ces objections, l'on oublie que les gouvernements doivent fortement avoir égard à leurs propres intérêts ; or l'intérêt du gouvernement s'identi-
fie nécessairement avec celui de la nation. Car
que le roi, soit absolu ou non, il faut que le gouvernement , pour pouvoir agir avec force à l'extérieur, favorise le développement des richesses nationales. La classe prédominante étant celle qui paie les
impôts, c'est aussi l'intérêt de cette classe qui forme l'intérêt de la nation, puisque c'est cette classe seule qui
subvient aux besoins de l'Etat; si elle souffre, le gouvernement est entravé dans sa marche; par nécessité de position , il doit donc protéger les intérêts de la classe qui,
par son travail, assure l'existence de l'Etat.

Dans un pays qui exporte essentiellement des céréales,
la classe agricole est la classe prédominante ; or, l'intérêt
de cette classe s'oppose à ce qu'on ferme les ports du
pays aux vaisseaux étrangers qui viennent chercher
du grain, parce que c'est par ce commerce que les
agriculteurs font les plus grands bénéfices: le gouvernement, tirant les subsides de la bourse de cette classe, devra
bien faire plier devant elle son ambition, et abandonner
les coalitions qu'il serait tenté de former pour anéantir
une autre nation. La nécessité, d'ailleurs, forcerait bientôt
le gouvernement à renoncer à de pareils projets; car ces
mesures étant contraires au commerce d'exportation, diminueront forcément le chiffre des subsides que l'Etat tirait
des agriculteurs; en effet, ceux-ci, ne pouvant plus vendre
leurs denrées à un prix aussi élevé qu'auparavant, ne pourront verser dans les caisses publiques une somme égale
à celle qu'ils payaient dans le temps de la prospérité
de leur commerce avec l'étranger. Les guerres perdent

donc ainsi forcément leur caractère pernicieux, et les états belligérants se voient contraints de ne pas interrompre un commerce qui leur est également profitable, surtout aujourd'hui que les intérêts matériels jouent un si grand rôle ; par là les voies de réconciliation se préparent, et bientôt les deux parties finissent par sentir qu'il est de leur intérêt de vivre en bonne intelligence.

Les adversaires de la liberté du commerce des céréales, font encore une autre objection : ils disent que si une disette survient dans les pays qui exportent le grain pour notre royaume, les gouvernements de ces pays fermeront leurs ports, d'abord par crainte des soulèvements, et ensuite pour éviter que les céréales ne soient trop chères dans leurs États ; il résultera de ces prohibitions, disent-ils, que la population, qui se sera accrue dans notre pays, périra de misère par suite d'un système qui aura empêché l'agriculture nationale de prendre son plus grand développement. Cette objection, quelque forte qu'elle paraisse, n'est pas cependant sans réponse. D'abord, l'hypothèse qui sert de base à cette objection, ne peut jamais se réaliser : en effet, il faudrait que dans tous les pays d'où nous tirons nos céréales, on eut recueilli des récoltes inférieures à la quantité moyenne ; or, cette hypothèse est démentie par l'expérience, car il est impossible que les récoltes manquent également dans divers pays appartenant à des contrées différentes. Ne voit-on pas, en effet, la plus grande diversité dans la température et dans la situation des diverses contrées du globe ? Qui ne sait que quand une telle partie d'une province, d'un royaume a une récolte abondante, telle autre partie de la même province, du même royaume éprouve une disette ? Le district qui a été secouru par son voisin, est favorisé à son tour, il fournira à celui qui l'a soutenu, de quoi suppléer à la trop faible quantité de grain recueillie lors de la moisson. Or ce qui a lieu pour une province, pour un royaume, arrive certainement, et à plus forte raison, pour une grande étendue de pays : La température qui est défavorable à une situation, est fort utile à une autre ; or, les années les plus nuisibles sont celles où on éprouve une grande sécheresse et celles où on ressent une grande humidité: les premières sont contraires aux pays hauts, et les autres, aux contrées où le sol est bas; cette situation est précisément celle des diverses contrées du globe; ainsi, ce qui nuit à l'une, est favorable à l'autre. Il est par suite impossible que les récoltes manquent de tous côtés, par conséquent nous ne serons jamais dépourvus de la quantité de blé qui est nécessaire à notre population; seulement, ce que nous avons été chercher une année dans tel pays, l'année suivante nous irons le prendre dans un autre. L'expériencedémontre donc la fausseté d'une objection contraire à lanature des choses, objection dont on aperçoit le vide, dès que, la liberté du commerce étant admise, on peut se mettre en relation avec tous les pays du monde.

Nous irons plus loin, nous supposerons que les récoltes aient manqué partout et nous nous demandons si, dans cette hypothèse, on défendra de tous côtés l'exportation des céréales? Les adversaires du système de liberté regardent l'affirmative comme incontestable; quant à nous, il nous paraît bien difficile d'adopter cette manière de voir. Quels sont, en effet, ceux qui gouvernent les États? ce sont, dans la plupart des pays agricoles, les propriétaires des terres : or leur intérêt n'est pas de vendre les céréales à bas prix, cet intérêt consiste à les réaliser au prix le plus haut. Ils auront donc soin de ne pas prohiber l'exportation, par la raison que le marché des pays étrangers leur offre plus d'avantages que l'intérieur, puisque, pour une quantité donnée de céréales, ils peuvent obtenir plus d'objets manufacturés qu'on ne leur en donnerait dans leur pays.

Dans les temps de disette, l'intérêt bien entendu du peuple agricole exige qu'on maintienne la liberté du commerce des grains, parce que les produits manufacturés que les nationaux obtiendront en échange des céréales, mettront les fermiers de ces pays à même de continuer et même d'augmenter leur production. Si l'on empêche ce commerce, et si l'on force à vendre le grain à l'intérieur à un prix plus bas que celui qui aurait pu être obtenu à l'étranger, on arrête l'augmentation du capital employé à l'agriculture, nous dirons même qu'on le diminue; les profits n'étant plus aussi élevés que sous le régime de la liberté, la masse générale du capital national ne peut aller en augmentant ; au contraire , elle perd de son élévation, et il en résulte que la production des céréales diminuera pour toutes les années subséquentes; les famines deviendront plus redoutables pour les pays agricoles eux-mêmes par suite d'une mesure fausse et mal combinée: la défense d'exporter n'arrête, en réalité, l'intensité de la disette qu'à un très-faible degré, ou plutôt elle augmente le mal ; car la consommation n'ayant pas été suffisamment diminuée par la hauteur du prix, continue avec autant d'activité qu'auparavant, et bientôt on ressent le manque du grain d'une manière plus forte que si ce commerce était resté libre. L'exportation permise, la cherté, fait dès le principe diminuer la consommation du blé, et la proportionne à la quantité de céréales qui doit rester dans le pays. La liberté de l'exportation dans ces cas extrordinaires, procurera encore un autre avantage bien grand pour les pays agricoles: leurs nationaux recevront de l'étranger une plus forte quantité de produits industriels, le capital du pays augmentera par cet excédant extraordinaire, et l'agriculture pourra prendre de nouveaux développements; la liberté d'exportation est donc en définitif un moyen de diminuer le danger des disettes dans la suite des temps.

Inutile de s'occuper de ces pays qui ne sont pas essentiellement exportateurs des céréales, car s'ils produisent par exception trop de céréales pour leur population, leur intérêt exige qu'ils l'exportent; s'ils n'en produisent pas assez pour leur consommation, le moyen le plus sûr d'attirer les marchands, c'est de laisser liberté pleine et entière au commerce des céréales, et s'ils en produisent justement assez, leur intérêt est encore de laisser ce commerce libre. Car bientôt l'agriculture nationale fournira trop ou trop peu de blé, selon que la population et l'accumulation des capitaux seront en mouvement progressif ou rétrograde : si le pays produit plus de céréales qu'il n'en consomme, on vendra l'excédant dans d'autres pays, et la prospérité nationale pourra se rétablir ; que si la production est trop faible pour faire face aux besoins de la population, alors, de nécessité, il faut adopter le principe de la liberté du commerce des grains.

Les pays qui laissent l'importation et l'exportation libres, sont les mieux fournis, parce que les exportateurs jouissent de l'avantage de pouvoir transporter leurs blés dans d'autres contrées, dès que les prix offerts dans les pays où leurs denrées se trouvent, ne sont pas assez élevés; ils sont donc portés à expédier leurs denrées plutôt dans ces contrées que dans d'autres, parce qu'ailleurs la défense d'exportation empêche de pouvoir transporter la marchandise dans un marché plus favorable, et expose ainsi le spéculateur à éprouver des pertes majeures.

Si tous les peuples interdisaient le commerce extérieur des céréales , il serait encore inutile que le pays qui suit un système opposé, adoptât des lois restrictives ; car celles des autres contrées lui en tiendraient lieu. C'est donc chose superflue que de faire une législation sur cet objet, que d'employer des hommes pour la faire exécuter. Le pays est alors obligé de produire lui-même ce qui est nécessaire à sa consommation.

Après ces observations, n'est-il pas démontré qu'anéantir ou restreindre la liberté du commerce des grains pour mettre l'agriculture d'une contrée en état de fournir tout ce dont les habitants ont besoin, est chose sans utilité aucune : un état d'indépendance complète de ses voisins, ne peut exister que dans l'idéalité, car , pour atteindre ce résultat, il faudrait faire périr tous les hommes qui dépasseraient le nombre de ceux que peut nourrir le territoire de l'Etat, l'industrie et la civilisation devraient donc également s'arrêter dans leurs développements, une limite infranchissable leur serait assignée ; et, à coup sûr, ce résultat est précisément l'opposé du but vers lequel doivent converger tous les efforts d'un gouvernement ami de son pays.

CHAPITRE VIII.

*La défense d'exportation ou d'importation de certaines
marchandises, doit-elle entraîner la prohibition de l'importation ou de l'exportation des céréales?*

Des raisons d'utilité publique font que l'on prohibe, ou
que l'on restreint l'i nportation ou l'exportation de telles
ou telles marchandises; par système de compensation, on
pourrait soutenir que des motifs de même nature doivent
faire limiter ou prohiber l'importation ou l'exportation des
céréales selon les occurrences.

Cette objection a bien peu de force et rien n'est plus facile à démontrer. Défendre ou restreindre l'importation
de certaines marchandises, a pour résultat de donner un
prix de monopole aux fabricants indigènes; ils n'ont plus
à craindre la concurrence, au moins jusqu'à un prix déterminé. Cependant leurs produits sont moins bien
finis et plus chers que les produits des étrangers ;
car si ceux-ci, malgré les frais de transport, peu
vent encore vendre leurs marchandises (hypothèse qui
est prouvée par la loi prohibitive ou restrictive de l'importation), il en résulte que les consommateurs donnent un prix trop élevé pour des produits nationnaux;
qui, selon toutes les probabilités, sont encore fort inférieures en qualité aux marchandises étrangères. Il y a
par conséquent un déplacement de capital qui se fait,
sans nécessité réelle, sans utilité aucune, des consommateurs aux manufacturiers ; ce déplacement de fortune
pèse non-seulement sur une classe particulière, mais
encore sur la généralité de ceux qui peuvent avoir un besoin médiat ou immédiat de ces articles.

Une prohibition, particulière à une espèce de marchandise, n'est donc pas un motif pour défendre l'importation du grain étranger, car ce serait aggraver inu-

tilement la malheureuse condition des habitants. En effet, ils sont déjà forcés, contre toute justice, de payer fort cher certains objets, et précisément à cause de cette iniquité, on voudrait les obliger à acheter les grains à un prix trop élevé!! Les agriculteurs n'ont pas le droit d'être indemnisés de la sorte, car ils ne supportent pas seuls les maux occasionnés par des restrictions sur l'importation; ils ne constituent qu'une fraction de la société, et ils doivent supporter leur part dans les charges communes : c'est à ceux qui profitent des prohibitions à les indemniser, il y aurait injustice d'imposer cette obligation aux classes qui se trouvent déjà lésées par les effets nuisibles des lois restrictives.

Si les produits repoussés par le système prohibitif étaient exclusivement nécessaires à l'agriculture, on ne devrait pas pour cela défendre ou restreindre l'importation des céréales, c'est aux spécialités d'industrie qui se soutiennent par les prohibitions, à supporter seules l'indemnité que demande la classe agricole. Il est dangereux, d'ailleurs, d'employer une pareille méthode de compensation, parce que tous les industriels ayant les mêmes droits, on finirait par adopter un système général prohibitif. D'un autre côté, il est très-difficile, pour ne pas dire impossible, de déterminer quel est le montant exact de l'indemnité due : il faudrait connaître tous les impôts qui frappent l'agriculture dans les autres pays, et y ajouter les frais de transport; il faudrait connaître aussi quelle est la masse totale de nos taxes sur l'industrie agricole, et comparer le montant de ces impositions avec les taxes qui pèsent sur les autres contrées, pour savoir jusqu'à quel point il faudrait prohiber les grains étrangers: or, ce calcul est évidemment impossible. On ne peut donc déterminer au juste quel est le montant de l'indemnité qui pourrait être éventuellement due à la classe agricole, et par suite il faut bien admettre que défendre dans ce but l'importation, est une mesure aussi fausse qu'impolitique.

Si l'on nous objectait que l'on ne veut pas une prohibition entière : nous repondrions que si le droit établi sur l'entrée des céréales est trop faible, il ne compensera pas les pertes qu'éprouvent les agriculteurs, et que l'on impose par suite aux autres habitants des sacrifices inutiles; nous dirions que si le droit est trop élevé, ou que si l'on a prohibé totalement le grain étranger, les agriculteurs recevront une indemnité plus forte que celle qu'ils méritent, le prix du blé haussera outre mesure et les propriétaires seuls feront des profits énormes; les fermages s'élèveront comme conséquence de la mise en culture des sols inférieurs, et les fermiers ne feront que les profits ordinaires, c'est-à-dire les plus bas.

Ce que nous venons de dire, s'applique encore à l'hypothèse où l'importation de toutes les marchandises autres que le grain, serait défendue : cette prohibition générale n'est pas un motif pour imposer de nouvelles charges à ceux qui n'exercent aucune industrie. D'ailleurs, si les étrangers viennent vendre des céréales, ils doivent prendre en retour des produits dont le prix est haussé par le monopole; car s'ils refusaient ces produits, ou s'ils en demandaient une quantité plus forte que les cultivateurs indigènes, en d'autres termes, s'ils voulaient tenir leurs denrées à un prix plus élevé, ils devraient bientôt cesser tout commerce, puisqu'alors les fabricants trouveraient qu'il est de leur intérêt d'acheter le blé produit à l'intérieur; si l'on payait en argent les céréales venant de l'extérieur, la position serait encore la même, parce que l'argent affluant à l'étranger en trop grande quantité, y perdra de sa valeur, l'égalité sera ainsi bientôt rétablie; et quant aux billets négociables, le change serait dans peu de temps contre le pays, si tous les règlements avaient lieu en billets, circonstance qui empêcherait que notre position empire. D'ailleurs les indigènes ne consentiront jamais à donner plus d'argent aux étrangers pour une quantité donnée de grain qu'ils n'en donnent pour les céréales du pays; les cultivateurs nationaux ne peuvent, il est vrai, se procurer avec ce numéraire autant de produits que les étrangers pourraient en acheter chez eux avec la même somme, mais comme le discrédit de l'argent se fera nécessairement bientôt sentir à l'étranger, l'équilibre se rétablira et se maintiendra de lui-même.

Défendre l'exportation de certains objets, n'est pas une raison pour prohiber l'exportation du grain. D'abord,il est en général d'une mauvaise politique de défendre l'exportation de certains articles, parce que c'est entraver la marche progressive de la prospérité, en un mot parce que c'est anéantir une branche d'industrie favorable à la prospérité nationale, parce que c'est se renfermer dans le marché intérieur. Le producteur qui est dans cette pénible position, éprouve des pertes dès qu'il produit un peu au-delà de ce qui est nécessaire à la consommation du pays. Les nationaux ne gagnent donc rien à cette défense d'exportation, ils paient aussi cher que si le commerce eût été libre, parce que la production loin de dépasser le strict nécessaire, reste même au-dessous, et par là l'industriel est d'autant plus sûr de recueillir des bénéfices; cette espèce particulière de fabrication, en diminuant sa production, parvient ainsi à obtenir les profits ordinaires, et fait même quelquefois des bénéfices fort élevés, quand ses produits sont recherchés. Il est donc inutile de défendre par système de compensation l'exportation des objets autres que ceux qui sont prohibés, ce serait empirer une position déjà fâcheuse ; il faut donc laisser libre l'exportation du blé, c'est le seul moyen qui puisse faire développer l'agriculture, étendre la production des céréales, et empêcher la fluctuation du prix. Il ne faut pas même dans un temps de disette défendre l'exportation des céréales, par ceque si elle a lieu malgré la disette, c'est que leur prix dans le pays n'est pas encore assez élevé, proportion gardée avec la quantité des céréales destinée à la consommation; tout ce qui est consommé au-dessous du prix le plus élevé est une perte, car les étrangers en payant cher pour nos blés font faire de grands progrès à l'agriculture , la liberté d'exporter amène ainsi l'augmentation de la production des céréales et soulage singulièrement les maux des disettes à venir.

Ce système libéral doit être suivi même dans le cas où

l'on ne peut exporter qu'une seule espèce de marchandises. En effet, les producteurs des articles qui ne peuvent s'exporter, font les profits ordinaires ou ils ne les font pas; s'ils les font, ils continueront leur production, s'ils ne les font pas, ils chercheront un autre mode d'employer leurs capitaux ; jamais on a vu des industriels persister à produire à perte, par la raison qu'il leur est impossible de continuer dans une voie pareille, puisque bientôt leur capital serait anéanti. La production de l'objet dont l'exportation est laissée libre, prendra les plus grands développements, remédiera en quelque façon aux maux de la législation. Il ne serait d'ailleurs pas juste d'obliger la classe agricole d'indemniser les autres industriels des fautes commises par le gouvernement· Il nous semble maintenant bien démontré que même en cas de restriction ou de prohibition prononcée contre l'importation de certains articles, il ne faut ni restreindre ni prohiber l'importation ou l'exportation des céréales

CHAPITRE IX.

Du système du maximum et du minimum appliqué au commerce des grains.

Le système du maximum et du minimum a trouvé beaucoup de partisans : l'Angleterre et la France l'ont adopté; la Belgique après avoir constammant suivi la législation la plus libérale a cru devoir revenir sur ses pas, et aujourd'hui la loi du 31 juillet 1834 a établi dans notre pays ce même système.

Ce système permet l'exportation et défend l'importation, quand le prix du blé est à un minimum déterminé; il défend l'exportation, mais sans permettre l'importation quand le prix est au-dessus du même minimum, mais au-dessous du maximum fixé; il permet l'importation et défend l'exportation, quand le prix du grain est parvenu à ce maximum : c'est, comme on le voit, une transaction entre le principe de la liberté et celui des prohibitions.

Nous ne pensons pas que les vrais principes de l'Économie politique puissent permettre l'adoption de mesures de cette espèce, surtout lorsqu'il ne s'agit de rien moins que de l'existence de tout un peuple. Au premier abord, ce système paraît concilier toutes les exigences: il permet jusqu'à un prix fixé l'exportation et défend l'importation ; on a voulu par là se montrer protecteur de l'agriculture nationale en lui ouvrant les marchés étrangers , et en interdisant toute concurrence à l'intérieur. Mais ce n'est pas, comme nous l'avons déjà dit, le monopole qui peut faire fleurir une branche quelconque de l'industrie , c'est la crainte de se voir supplanter dans le marché intérieur qui fait que l'on s'efforce de faire mieux que les autres et à meilleur marché; tout le pays gagne à cette activité, car il se trouve pourvu du nécessaire à un prix moins élevé. Sous ce point de vue la loi du maximum et du minimum ne favorise donc nullement l'agriculture ; elle tend au contraire, à la rendre stationnaire et à la faire rétrograder.

Si le minimum est fixé à un taux fort inférieur au prix que les autres peuples paient pour les grains, et qu'on puisse par conséquent couvrir les frais de transport et accessoires, l'exportation aura lieu et remédiera en quelque sorte aux inconvénients que nous avons signalés, quoique cependant d'une manière fort incomplète : certains de vendre à l'intérieur, les agriculteurs ne feront pas autant d'efforts que s'ils avaient eu à redouter une concurrence. Les disettes sont fort à craindre sous ce régime, par la raison que l'agriculture ne prend pas tout son développement, et que par suite elle ne produit pas autant de grain qu'il lui est possible de le faire. Ainsi, au lieu de protéger véritablement l'agriculture, c'est-à-dire de lui faire faire les plus grands progrès, on arrête l'émulation, et l'on donne une prime à la paresse en lui garantissant le débit de ses productions.

Si le zèle des agriculteurs avait été stimulé par l'intérêt personnel, s'ils avaient eu à disputer aux étrangers le marché intérieur qui est de beaucoup le plus important par la promptitude des retours et par tous les frais qu'on évite, ils auraient tenté de diminuer les frais de production par l'introduction de nouveaux procédés; la quantité de blé produit aurait augmentée, ou tout au moins aurait demandé moins de frais; il en serait résulté une diminution sensible dans le prix des céréales , diminution qui permettant de soutenir la concurrence dans les marchés étrangers aurait fait continuer l'exportation tandis que le système opposé amène une hausse dans le prix et borne le marché aux consommateurs indigènes.

Avec le principe de la liberté du commerce des céréales les disettes deviennent moins pénibles et plus rares, parce que le prix des grains, n'étant ni trop élevé ni trop bas avant la disette, ne peut atteindre un taux en dehors de toute proportion ; la culture s'améliore, tout en s'étendant sur une plus grande portion de terrain : il y a alors beaucoup

moins de danger à craindre, parce que pour qu'il puisse
y avoir disette, les récoltes devraient manquer totalement sur une plus vaste étendue de terrains cultivés ;
d'un autre côté les récoltes étant devenues plus abondantes, la disette ne peut se faire sentir avec autant de violence qu'auparavant. Ces observations démontrent que
le système d'échelles empêche dans les circonstances
ordinaires l'exportation, exportation qui aurait été possible si les agriculteurs avaient redouté la concurrence
à l'intérieur, et s'ils s'étaient par conséquent maintenus au
niveau de la science ; en effet l'intérêt personnel ne leur
aurait pas permis de rester stationnaires, ils auraient marché en avant, sachant que leur fortune y était intéressée
et que l'indolence ne trouverait pas un débit assuré,
dans le marché indigène. Ce système tarit donc jusqu'à un certain degré une branche du commerce extérieur, qui aurait alimenté beaucoup d'individus :
le peuple aurait été nourri plus abondamment et à
meilleur marché, circonstance qui eut permis aux ouvriers de faire quelque dépense pour leur culture morale, les capitalistes y gagneraient également, parce que
les salaires ne tendraient pas à la hausse ; les progrès de
l'agriculture et la diminution du prix des produits manufacturés, diminution qui est la conséquence des progrès
de l'industrie agricole, empêcheraient qu'une baisse, ne
se fit sentir dans les revenus des propriétaires.

On ne se ressent guère de ces lois prohibitives tant que
le pays produit assez pour nourrir ses habitants : elles
sont dans cette hypothèse à peu près inutiles, hormis
qu'elles produisent toujours les effets ordinaires du monopole, c'est-à-dire qu'elles arrêtent les progrès de la
science agricole; mais dès que le prix dépasse le minimum sans avoir atteint le maximum. l'importation et
l'exportation sont simultanément défendues, et c'est
alors qu'on commence à payer un prix excessif pour les
blés. Tout les effets du monopole se font déjà alors sentir
d'une manière désastreuse, car les subsistances sont
d'une nécessité indispensable : sans doute la privation
de certains articles nuit à l'aisance, au développement

complet de la nation , mais quant aux céréales il y a besoin absolu. On a observé que dans ces circonstances désastreuses les salaires baissent; ce n'est pas là un signe favorable , mais c'est au contraire un signe de malaise : elle prouve que les ressources sont diminuées et que plus de personnes sont forcées de travailler. Cette baisse n'est au reste que temporaire, bientôt le nombre d'hommes diminue, et par une suite nécessaire les salaires haussent; toutes les espèces d'industries tombent alors dans un état de souffrance: les capitalistes devant donner des gages plus élevés aux ouvriers, ne font plus des bénéfices aussi considérables et diminuent forcément leurs entreprises: l'accumulation des capitaux s'arrête et les ouvriers sont ainsi privés de l'espoir de sortir un jour de leur état de dépendance. L'industrie nationale se trouve par là placée dans une position défavorable pour lutter avec succès contre les étrangers, qui, n'ayant pas à supporter des frais de production si élevés, retirent de plus grands bénéfices, augmentent leurs capitaux, étendent leurs entreprises et peuvent parvenir dans un temps peu éloigné à supplanter les produits de notre industrie dans les marchés étrangers ; là ne s'arrêteront pas les succès de l'industrie étrangère: si l'importation de toute espèce de produits est permise , les anciens tributaires de notre pays pourront un jour en marchant de progrès en progrès venir vendre dans l'intérieur les produits que nous leur portions autrefois; nous ajouterons que la population étrangère s'augmentera rapidement tandis que la nôtre ira en diminuant. Tels sont en peu de mots les effets principaux d'une mesure dont on ne veut pas calculer toutes les conséquences.

On objectera peut-être que , si le prix monte jusqu'au maximum, on permettra l'importation en arrêtant l'exportation. Cela est vrai, mais qu'est-ce que cette permission d'importer prouve ? Elle démontre que le prix du grain est parvenu au taux le plus élevé que le peuple puisse supporter; il en résulte donc que le peuple payait déjà son pain beaucoup trop cher, avant que le prix fut parvenu à cette extrémité, et qu'on a jugé qu'au-delà de ce degré il lui serait impossible de se procurer de quoi vivre. Remarquons aussi en passant que c'est le gouvernement qui fixe ce maximun ou qui le déclare existant ; or le gouvernement est toujours plus ou moins mauvais juge de ce que peut ou de ce que ne peut pas supporter la nation. Et jamais il ne déclare en temps opportun l'existence du fait : la déclaration de l'administration qui permet l'importation, constate que le prix qu'on donnait auparavant, était déjà supérieur au prix payé à l'étranger pour les céréales , que cette différence est devenue telle qu'elle nécessite l'importation du blé étranger; elle constate encore que cette importation a été différée aussi longtemps qu'on a cru que le peuple pouvait faire des sacrifices pour sa nourriture. Si la permission d'importation ne constatait pas par elle-même tout ce que nous venons d'énumérer, cette permission serait inutile puisqu'elle n'aurait ni but ni résultat, car si les prix des céréales venant de l'étranger sont égaux aux prix payés à l'intérieur ou bien s'il n'y a qu'une légère différence , il n'y aura pas de possibilité que l'importation se fasse en présence des frais de transport, qui augmentent encore le prix des céréales importées. La permission d'importer ne remédie donc pas d'une manière réelle et durable aux maux qui résultent des lois restrictives ; le soulagement que la nation éprouve dans les premiers moments, n'est que momentané ; en effet, dès que le prix est descendu au-dessous du maximum, la permission d'importer cesse, bien que le prix du blé dans le pays soit encore supérieur au prix qui est payé à l'étranger. Croire d'ailleurs que les étrangers sont toujours prêts à importer des céréales dans un pays régi par des lois prohibitives, est une supposition toute gratuite et une grande erreur : les étrangers transporteront leur grain où ils sont habitués de le faire, ils iront dans les contrées où l'on reçoit toujours leurs denrées, et non dans les Etats où on ne les reçoit que par exception, que par nécessité ; ils préféreront certainement subir une perte plutôt que de nouer de nouvelles relations qui n'auront pas de durée ; ils peuvent même craindre d'éprouver des pertes majeures en venant dans une contrée qui a adopté le système d'échelles, parce que si le prix venait à baisser, ils ne pourraient, par suite de la défense d'exportation, transporter leurs denrées où il y a plus de bénéfices à obtenir, or jamais un spéculateur n'aime de courir une pareille chance, c'est ce qui fait que sous tous les rapports, on court de grands dangers à admettre de semblables mesures.

On a cependant allégué quelques autres motifs pour défendre ce système. On a dit que l'on voulait assurer aux agriculteurs un prix assez élevé pour compenser toutes leurs avances, et donner en même temps de la fixité au prix du blé sans qu'il put devenir trop élevé. Nous avons déjà parlé dans le chap. VI du prix rémunératoire, et dans le chap. V, § 6 les fluctuations dans le prix des céréales ont fait l'objet de nos recherches; nous allons cependant en dire encore quelques mots.

Les lois prohibitives ne sont introduites que parce que l'agriculture nationale ne peut plus produire les grains à aussi bon marché que les étrangers; autrement leur concurrence ne serait pas redoutable et une pareille législation serait par suite complètement inutile, c'est ce qui est incontestable.

Le maximum et le minimum déterminés, il y aura fluctuation perpétuelle dans les prix, il est facile de le prouver: le taux ordinaire du prix du blé est de la totalité des dépenses qu'il faut faire sur une terre de dernière qualité, en y ajoutant les profits ordinaires des capitaux; ce prix est nécessairement supérieur à celui qu'on eût payé pour le grain étranger, puisque nous défendons l'importation. La force des choses empêche donc qu'on ne puisse exporter, à moins de faire des pertes énormes, parce que l'on a eu recours à des terrains de trop mauvaise qualité et qu'ainsi le prix des céréales est trop élevé à l'intérieur; par conséquent le grain du pays est forcément borné au marché intérieur. Il faut par suite, pour que le grain se maintienne au prix qui met le cultivateur de la terre la plus mauvaise en état de pouvoir continuer sa production que la quantité produite ne soit pas supérieure à la quantité nécessaire à l'entretien du peuple ; ainsi dès que la production surpassera les besoins des consommateurs, le prix du blé baissera. Ce prix n'étant plus assez élevé pour couvrir tous les frais qu'exigent les sols inférieurs, le cultivateur de ces terrains fera de grandes pertes, parce qu'il est dans l'impossibilité de trouver au prix de revient l'écoulement de ses produits; la richesse nationale souffrira de ces pertes, tandis que la prospérité aurait augmenté, si les lois n'avaient pas enlevé à des productions avantageuses les capitaux anéantis; les cultivateurs des terres de qualité supérieure éprouvent également des pertes, car les baux sont basés sur le prix des grains, et ce prix est réglé par les frais de culture qu'exigent les sols les plus ingrats ; par conséquent les fermages seront fort élevés, et, à moins d'une réduction, les fermiers ne pourront continuer leurs exploitations, puisque la baisse leur enlève les profits qu'ils espéraient; plus il y aura de mauvaises terres en culture, plus les maux que nous signalons, auront de l'intensité.

Nous pouvons également affirmer que le prix ne se maintiendra jamais bien longtemps à la hauteur qui le rend exactement rémunératoire : car dans les années de disette il haussera, il parviendra au maximum, et alors le fermier, et surtout le propriétaire, feront aux dépens du peuple des profits extraordinaires; si le prix baisse, les cultivateurs dans ce cas éprouveront des pertes énormes et tomberont dans la misère, et par une suite nécessaire l'agriculture languira: La position de la classe agricole deviendra par là tout à fait incertaine, car jamais les années défavorables ne se succèdent fort longtemps, elles sont suivies d'années abondantes et d'années moyennes, circonstance qui empêche que le prix ait une assiette fixe. Ce système du maximum et du minimum, introduit en faveur de l'agriculture, tourne donc à son préjudice : car que le prix hausse, son bien-être n'est que momentané, et les suites de cet état de prospérité passagère sont extrèmement funestes par l'extension forcée qu'on donne à la culture; d'un autre côté, à la moindre baisse dans le prix, les pertes se font sentir de toute part, et l'existence de l'agriculture et de l'agriculteur devient un problème.

Puisque le prix ne se maintient que fort rarement au montant exactement nécessaire pour couvrir les frais des agriculteurs, qu'il y a tantôt hausse tantôt baisse, il y aura nécessairement fluctuation perpétuelle dans le prix des céréales. Dans les années d'abondance, le prix pourra descendre même jusqu'au taux légal qui permet l'exportation, il tombera par conséquent au-dessous du minimum fixé et du prix qui est payé à l'étranger, car il faut non-seulement que le marché étranger soit ouvert à nos produits, mais il faut encore, pour qu'on puisse exporter, que les frais de transport puissent être couverts. Dans les années de disette, le contraire aura lieu : le prix des céréales s'élevera subitement beaucoup au-dessus de sa hauteur précédente. Cette fluctuation dans le prix coursable est donc effrayante : tantôt les céréales se vendront à fort bon marché, et bientôt après fort cher. Le mal se fera surtout sentir aux classes ouvrières, dont le salaire ne sera jamais stable, et dont l'existence sera par suite fort précaire et sera livrée à la merci des maîtres.

Si le fermage haussait ou diminuait proportionnellement au produit de la terre, dans ce cas le mal qui résulte de l'élévation des baux, serait évité; mais la cherté des objets de première nécessité, la fluctuation des prix, la misère des basses classes, la dépendance des ouvriers à l'égard de leurs maîtres, tous ces graves inconvénients continueraient à subsister. Un seul des nombreux inconvénients du système serait écarté; cependant lors d'une baisse, on ne pourrait continuer à cultiver que les terres sur lesquelles les frais de culture et le profit ordinaire des capitaux sont compensés par le prix courant, La condition des fermiers des terres inférieures serait donc toujours misérable, les bénéfices qu'ils auraient obtenus dans les années de disette, seraient plus qu'anéantis par les pertes d'une seule année fertile : car les simples profits d'une année précédente ne peuvent certainement les mettre en état de recommencer leur culture; ils doivent s'entretenir avec leurs familles au moins jusqu'à la récolte suivante sans rien obtenir pour leurs peines et pour les capitaux employés; tout sera donc absorbé et le fermier sera réduit à la misère.

Pour plus de clarté, fixons le prix ordinaire de 1000 hectolitres à 100 francs et fixons à 80 francs le minimum de la loi; supposons qu'à l'étranger cette même quantité ne coûte que 60 francs: le prix, en baissant au dessous de 100, fera éprouver des pertes à nos agriculteurs, car ils ne peuvent exporter à moins que ce prix ne soit tombé non-seulement au-dessous de 80, mais aussi au-dessous de 60, puisqu'il faut que les frais de transport ne fassent point dépasser le chiffre de 60 francs.

Supposons que les frais de transport et accessoires soient de 10 fr. par 1000 hectolitres: il faudra que le prix descende encore de 10 fr. au-dessous de 60, les 1000 hectolitres ne devront donc plus se vendre que 50 fr.; ce qui causera ainsi une perte de 50 sur 100 ou 50 % dans une seule période. Les années de disette ou de fertilité ne peuvent être en nombre complètement égal et ne peuvent jamais se compenser parfaitement; car la fertilité d'une année peut surpasser la stérilité de l'autre, de même que la stérilité d'une saison peut surpasser l'abondance de l'autre. Quoiqu'il en soit, une seule année abondante est un coup mortel pour les fermiers des terres inférieures, puisque, même dans les années de disette, la mauvaise qualité de leurs terres et par suite la qualité inférieure ou la petite quantité de leur blé empêchent qu'ils ne fassent proportionnellement autant de profits que les autres agriculteurs: les années défavorables nuisent surtout aux terres de qualité inférieure qui ont un besoin plus grand que les autres terrains, d'une température convenable à leur sol. Le prix de 1000 hectolitres ne se maintiendra pas toujours non plus à 100 fr.; dans les années de disette il montera au-dessus de ce taux, il ira peut-être jusqu'à 120; Si l'année suivante est extraordinairement fertile, le prix peut alors tomber à 50: ce qui fait 25 de perte sur 50, ou 50 %. Si le prix redescend seulement à 100 fr; il n'y aura pas de perte pour les agriculteurs, mais la fluctuation du prix se sera fait sentir au peuple entre 100 et 120;

la position du cultivateur sera en définitif pire que celle du peuple, après avoir fait l'année précédente un profit qui n'est que de 20 sur 100 fr., prix ordinaire , ou de 20 %, si le prix tombe l'année suivante à 50 fr.; le cultivateur fait une perte de 50 $_0/^o$, qui n'est compensée que par un bénéfice de 20 %. Une perte de 30 % demeure ainsi à la charge de l'agriculteur. Le prix de 1000 hectolitres peut ne pas tomber à 50, mais s'il va plus bas que 80, il y a alors certainement perte pour le fermier, car le bénéfice de l'année précédente n'a été que de 20 $_0/^o$, et la perte est de plus de 20 %.

On sent que ceux qui ont prétendu que ce système du maximum et du minimum procurait un prix fixe et constant, qu'il donnait un prix convenable aux agriculteurs, n'ont nullement raisonné ce qu'ils avançaient , puisque le résultat de cette mesure est diamétralement contraire à ce que l'on en attendait. L'exemple de l'Angleterre prouve d'ailleurs en notre faveur, l'expérience est donc pour nous.

En résumé, le système du minimum et du maximum présente à lui seul tous les inconvénients attachés à chaque espèce de lois qui ont été portées contre la liberté du commerce des céréales. Dans la 1re période, quand l'importation est défendue, on éprouve tous les maux qui résultent de la défense d'importer (Ch. II); dans la 2me période, on arrête l'importation et l'exportation , on ressent alors tous les effets pernicieux des prohibitions complètes, on éprouve les doubles inconvénients qui naissent de l'impossibilité d'importer et d'exporter; enfin , dans la 3me période, on ne défend plus que l'exportation parce-ce que la disette est devenue poignante , il est inutile de rappeler les maux qui doivent accompagner cette prohibition sans but, puisque le prix courant empêche d'exporter ; il est surtout inutile de rappeler les maux qui forcent à ouvrir les ports pour un moment. Un gouvernement éclairé n'admettra donc jamais de pareil système , quoique cependant les agriculteurs , aveuglés sur leurs intérêts véritables, ou, disons mieux, les propriétaires fonciers persistent dans beaucoup de

pays à vouloir des législations prohibitives , qui, en définitif ne sont favorables qu'à eux seuls au détriment de
tous :

La loi belge est elle-même une preuve de la vérité du
système que nous défendons, il nous suffit pour le prouver de donner le résumé de quelques articles qui ont été
publiés dans le *Précurseur*.

Cette loi renferme un vice si manifeste qui ressort si
vivement des mercuriales qu'il démontre à lui seul toute
la fausseté du principe sur lequel elle repose.

D'après la loi, le froment est libre à l'entrée et prohibé à la sortie , lorsque le prix de l'hectolitre est de
25 francs et au-dessus; il est libre à l'entrée et paie un
droit de 25 centimes à la sortie, lorsque le prix de l'hectolitre est de 20 francs et au-dessus de 24.

En 1839 ces prix ont été ceux du froment , et des grains
placés dans la même catégorie, de sorte que libres à l'entrée , ils ont été , ainsi que les farines , prohibés à la
sortie.

Qu'invoque-t-on pour cette mesure ? les besoins de la
consommation intérieure , la nécessité de fournir au
meilleur marché possible des aliments aux classes ouvrières. Dès lors, et en admettant ce motif comme vala-
ble, il semblerait que le législateur eût dû ramener à ce
but principal toutes les dispositions de la loi sur les céréales que par exemple, alors qu'il prétendait, par la liberté d'entrée des froments et par la prohibition à la sortie, faciliter l'approvisionnement du pays, il aurait dû ,
à plus forte raison prendre une mesure qui fut dans les
mêmes circonstances conforme pour le seigle. Il n'en
a nullement été ainsi. On n'a pris nul soin de faire aller
de pair le seigle et le froment.

En 1839 le froment était libre à l'entrée et le seigle n'en-
trait en Belgique que moyennant un droit de fr. 21 50 !
le froment était prohibé à la sortie et le seigle pouvait
être exporté, moyennant 24 centimes par 100 kil.

Deux dispositions aussi contraires d'une même loi ne
sont-elles pas éminemment absurdes? Quoi, vous prohi-
bez le froment à la sortie , parce que le prix en est éle-

vé, que, conséquemment, la valeur des objets de consommation troublerait l'économie intérieure du pays, et au lieu de chercher à faire baisser ces prix, en facilitant l'introduction des autres substances alimentaires, du seigle par exemple, vous frappez cette denrée d'un droit de 21 francs 50 centimes à l'entrée, et vous en laissez la sortie, pour ainsi dire libre, puisque vous n'y attachez qu'un droit de 25 centimes! Mais comment une loi, dont le principe même était vicieux, pouvait-elle ne pas être vicieuse dans ces dispositions? Il n'y a qu'une seule puissance capable de mettre un pays à l'abri des famines; cette puissance, c'est le commerce qui est le grand et universel pourvoyeur de ceux qui ont besoin. et qui tient en équilibre tous les intérêts divers, ceux de l'agriculture, ceux de l'industrie, ceux de la consommation, parce qu'il les représente et les résume tous à la fois. Or, précisément l'effet immédiat du système d'échelles est d'empêcher le commerce des grains de s'établir s'il n'existe pas, et de le détruire s'il existe.

Il y a en effet une condition sans laquelle le commerce ne peut acquérir de développement et ne peut avoir une portée durable; cette condition, c'est la stabilité de la base sur laquelle il doit asseoir ses opérations.

Sous le régime de la loi actuelle, le commerce des grains manque précisément de cette stabilité qui est pour lui une condition essentielle. Il est, en effet, livré à la merci du premier venu qui, spéculateur hardi et aventureux, trouve moyen, par des opérations clandestines, de faire hausser ou baisser les mercuriales, suivant les besoins divers de ses combinaisons. Les négociants qui se livrent à un commerce loyal sont bientôt obligés d'abandonner la partie, parce qu'ils ne peuvent, avec sécurité, ni placer leurs capitaux, ni engager leurs correspondants à courir des chances qu'ils n'oseraient courir eux-mêmes. Leur dessein serait-il d'acheter des grains à l'étranger, ou d'engager l'étranger à leur en consigner? ils se sentiraient arrêtés par l'incertitude des droits qui existeront au moment où arrivera la cargaison. En effet, si les mercuriales réunies donnaient pour le froment une moyenne de prix de 20 francs et au-dessus, ils établiraient leur calcul, sans faire entrer en ligne de compte les droits d'entrée, puisqu'à ce prix il n'y a pas de droits, et que, dans leur opinion, la tendance serait plutôt à la hausse qu'à la baisse. Mais qu'arriverait-il, si leurs prévisions étaient fausses, si, au lieu de s'élever les prix avaient, entre la commande et l'arrivée des grains, diminué de trois ou quatre francs? Non-seulement les négociants perdraient ces trois ou quatre francs, par hectolitre, mais ils perdraient encore les droits d'entrée sur lesquels ils n'avaient pas compté. Quel est le négociant, et surtout le consignataire que n'arrêtera pas invinciblement une pareille chance? Quel est celui qui en deux mois voudrait s'exposer à subir quatre conditions, quatre vicissitudes différentes? Il peut arriver, en effet, que, pendant quinze jours, les grains vaillent vingt francs, et que l'entrée en soit libre; que pendant les quinze jours suivants, ils ne vaillent que dix-neuf francs, et qu'ils aient à supporter un droit de 37 fr. 50 centimes et qu'enfin, de degré en degré, ils descendent jusqu'à la prohibition. De pareilles variations seraient un obstacle insurmontable pour tout commerce; à plus forte raison en sont-elles un de cette nature pour le commerce des grains, pour lequel le laps de temps accordé à la spéculation est presque toujours une condition essentielle. Les importations sont donc par cela même entravées dans leur principe.

Le commerce d'exportation rencontre un obstacle égal, par suite de l'impossibilité où l'on est d'apprécier le prix que coûterait la marchandise rendue à bord des navires de mer. En effet, lorsque l'étranger est dans une position telle qu'il doive demander les grains à d'autres pays, il n'en est pas réduit à un seul marché. S'il a besoin de céréales, plusieurs contrées se disputent l'avantage de lui en fournir, et comme il a plusieurs vendeurs, il examine le prix et la qualité de chacun d'eux, puis il achète là où il rencontre les meilleures conditions sous tous les rapports. Qu'une maison de Belgique par exemple, reçoive des ordres pour des froments rendus sous voile,

au prix de 21, 22 ou 23 francs; qu'elle fasse en conséquence des achats dans l'intérieur du pays; un mois se
passera peut-être avant que ces grains puissent être rendus au port. Pendant ce temps une hausse peut s'être
opérée et le froment être prohibé à la sortie. De là impossibilité pour le négociant d'exécuter les ordres qui lui
ont été donnés et de remplir les conditions de son marché. Quelle chance voulez-vous que puisse avoir le commerce d'exportation, dans un pays où l'impossibilité
d'exister est pour lui en quelque sorte matérielle? Quels
rapports voulez-vous qu'il noue, lorsque ces rapports
sont susceptibles d'être sans cesse brisés?

Une spéculation dans le pays serait en effet dange-
reuse, puisque si une hausse venait la justifier, la prohibition à la sortie lui fermerait le marché étranger. Il
serait encore plus dangereux de spéculer à l'étranger,
puisque l'admission des grains, au moment de la réali-
sation, pourrait être prohibée en Belgique, ou y être
soumise à des droits ruineux.

Il en résulte, par corrélation, un très-grand préjudice
pour la navigation et pour l'industrie: en sorte que les
principales branches de la fortune publique en sont af-
fectées. Mais du moins ce système est-il profitable à l'a-
griculture? Non, il n'a pas de meilleurs fruits pour l'agriculture que pour le commerce, la navigation et l'industrie.

Une chose est d'abord à remarquer, c'est que le bas
prix des grains n'est pas une condition essentiellement
malheureuse pour l'agriculture, car le bas prix est le
résultat ordinaire de l'abondance des récoltes, et la quantité vient établir une compensation. Ainsi, il est évident
que si le cultivateur peut vendre 1,000 hectolitres de
grains à 12 francs, il gagnera autant que s'il ne pouvait
en vendre que 800 à 15 francs. Mais là n'est pas le point
principal de la question.

Ce qu'il importe, surtout à l'agriculture, comme à toute
autre branche d'industrie et de commerce, c'est d'être à
l'abri de ces variations qui peuvent brusquement trou-
bler une fortune de fond en comble; c'est même là le

principal motif qu'ont fait valoir les partisans de la législation actuelle ; en établissant les droits d'entrée et de
sortie sur un système d'échelles ils prétendaient donner
plus de stabilité au prix des céréales.

Cette stabilité ne peut être que le résultat du commerce des grains, et cela est facile à comprendre.

Dans les années d'abondance, en effet, alors que la
baisse des céréales est une chose naturelle, les négociants, pour l'écoulement lucratif de leur provision, auront tout intérêt à empêcher l'avilissement des prix ;
dans les années de stérilité, la valeur ne pourra pas s'é-
lever outre mesure, par cela même qu'il y aura provision.
En sorte que, avec un système pareil, il ne peut y avoir,
pour les produits agricoles, ni dépréciation ruineuse,
ni exagération de valeur.

C'est là d'ailleurs un enseignement donné par les faits,
et pour s'en convaincre, il suffit d'examiner ce que, à
deux époques différentes, ce système d'échelles a produit
en France.

Par suite des mauvaises récoltes de 1827 et de 1828,
le prix des céréales était beaucoup trop élevé, au commencement de 1829. L'introduction des grains étrangers
n'était donc assujétie en France à aucun droit, et les
grains indigènes ne pouvaient sortir du royaume. Dans
les Pays-Bas au contraire, il y avait pleine liberté pour
l'exportation comme pour l'importation des grains. Si
le système d'échelles eût produit l'effet que l'on en attendait, en cette année de disette, le prix des céréales eût
été moins élevé en France que dans les Pays-Bas. C'est
précisément le contraire qui a eu lieu.

Voici quel fut comparativement le prix des froments et
des seigles, en prenant pour base les chiffres les plus élevés.

FRANCE. (NORD.)	— FROMENT. —	SEIGLE.
Par hect.	fr. c.	fr. c.
Arras. — 4 avril 1829. . .	30 50.	17 73.
Cambrai.— id. . .	31 00.	18 50.
Douai. — id. . .	29 00.	17 00.
Péronne.— 12 id. . .	33 25.	» »
Prix moyen	30 93.	17 75.

Louvain. — Février 1829. . 26 58.   13 50.
Anvers. . . . . .27 38.   13 48.

Prix moyen. 26 98.   13 49.

Ainsi, dans cette année de pénurie, les consommateurs ont payé en France le froment environ 11 1/2 p. c., et le seigle 13 p. c. plus cher qu'en Belgique. Le système d'échelles et de prohibition a donc présenté un résultat tout-à-fait opposé à celui que l'on espérait. Il en a été de même dans les années d'abondance, et ce sont les mêmes marchés qui nous en offrent la preuve.

FRANCE. (NORD.) —	FROMENT. —		SEIGLE.	
Par hect.	fr.	c.	fr.	c.
Péronne. — 25 janvier 1834.	12	12 1|2.	»	»
Cambrai.— id.	11	90.	8	00.
Arras. — 1 février.	12	23.	8	25.
Douai. — id.	12	23.	8	50.
Prix moyen. . . .	12	13.	8	25.

2e semaine de janvier 1834. .	»	»	»	»
Prix moyen.	12	85	8	41.

Par conséquent le prix du froment était de 6 p. c.; plus élevé en Belgique qu'en France; celui du seigle l'était de 2 p. c.; et il est à remarquer qu'en France les produits de l'agriculture nationale étaient protégés par un droit d'entrée qui eût fait hausser le prix, si la hausse et la baisse du prix des céréales pouvaient être le résultat d'un système, dont le propre est d'empêcher tout commerce. Voici quels étaient ces droits :

Froment par hect. fr. 11 82.
Seigle   id.   7 09.
Orge   id.   5 96.
Avoine   id.   4 13.

La seule chose à conclure de ces exemples, c'est que la législation actuelle sur les céréales n'est nullement favorable à l'agriculture, puisque dans les années d'abondance, elle ne met pas obstacle à l'abaissement des prix et qu'elle est essentiellement contraire aux intérêts publics puisque, dans les années stériles, elle a pour résultat immédiat de laisser s'élever outre mesure la valeur des grains.

En montrant les vices de la législation actuelle sur les céréales, et en en demandant la réforme, notre intention n'a nullement été d'enlever à l'agriculture cette protection raisonnable que l'on accorde à toutes les industries. Nous savons trop l'apprécier, que pour vouloir sacrifier son intérêt à quelque autre intérêt ; mais nous pensons qu'elle était suffisamment protégée par l'ancienne législation. C'est ce que nous allons démontrer par des calculs irrécusables.

En prenant pour base le district d'Alost, où la contribution foncière, c'est-à-dire celle qui pèse plus spécialement sur l'agriculture, est proportionnellement plus élevée que dans le reste de la Belgique, et pour norme une ferme de 21 hectares de terres labourables, voici le résultat auquel on arrive.

Ce fermier cultive annuellement environ :

6	hectares de	froment.
5	—	seigle.
1	—	orge.
1	—	avoine.
1/2	—	sarrazin.
2	—	pommes de terre.
4	—	trèfle.
1 1/2	—	lin.

Total. 21.

Les lins n'ont assurément besoin d'aucune protection, puisque même on a cherché à en empêcher la sortie ; les sarrazins, les pommes de terre et le trèfle sont consommés dans la ferme et servent à engraisser les bestiaux, qui donnent un excellent produit, et les terres employées à ces usages paient très-facilement leurs impositions foncières. Restent donc les 13 hectares ensemencés en froment, seigle, orge et avoine. La contribution foncières de ces terres considérées et traitées comme étant de première classe, s'élève à 20 francs, soit à 260 fr. pour les 13 hectares.

Leur production moyenne est :

6 hectares de froment à 27 hect. 162.

A déduire pour sem. et cons. 33 reste net 129.

5 hectares de seigle à 31 hectol. 155.

A déduire pour sem. etc. 45 — 110.

1 hectare d'orge à 48 hect. 48

A déduire, 18 — 30.

1 hectare d'avoine à 50 hect. 50

A déduire, 30 — 20.

Ainsi, ce fermier peut amener au marché :

Hect.			francs.		soit fr.
129 froment, que l'anc. tarif prot. de	2-00	p. h.,			258
110 seigle,	—	—	1-25	—	137
50 orge,	—	—	1-00	—	50
20 avoine,	—	—	0-55	—	11

Total de la protection, fr. 456

Ainsi les droits payés par les céréales venant de l'étranger étaient de 58 0/0 plus élevés que le montant des contributions foncières sur les terres qui produisent ces différentes denrées ! une pareille protection était assurément assez grande pour l'agriculture nationale, et avec d'autant plus de raison que ces droits ne sont pas les seuls qui garantissent nos produits agricoles contre l'importation des produits étrangers. Les frais de transport constituent une protection bien plus forte encore. Que l'on jette, par exemple, un coup-d'œil sur notre position vis-à-vis des pays qui ont généralement un grand excédant de production et qui paraissent être organisés de manière à pouvoir produire avec plus d'économie, on reconnaîtra combien sont lourdes les charges qu'ont à subir les importations des grains étrangers.

Il est d'abord à remarquer que les froments, les seigles et les orges de l'Ost-Frise, de l'Oldembourg, du Holstein et des îles danoises sont d'une qualité beaucoup inférieure à ceux qui sont récoltés en Belgique. Cette différence de

qualité peut être évaluée à fr. 2 50 par hectolitre de froment; à fr. 1 50 par hect. de seigle et à 1 fr. par hectolitre d'orge. Leurs avoines valent autant que les nôtres.

Les frets et assurances des ports de mer de ce pays jusqu'aux ports belges s'élèvent au plus bas à fr. 1,75 par
hect. de froment; à fr. 1,55 par hect. de seigle; à fr. 1,45
par hect. d'orge; à fr. 1,55 par h. d'avoine.

Ainsi la protection contre les céréales des autres pays,
en faveur de l'agriculture nationale, allait en réalité sous
l'ancienne législation, de :

	FROMENT.	SEIGLE.	ORGE.	AVOINE.
Droit d'entrée fr.	2 00	1 25	1	0 55
Moindre qualité.	2 50	1 50	1	» »
Fret et assurance	1 75	1 55	1 45	1 55
frs.	6 25 par hect.	4 30	3 45	1 90

Les qualités des froments et des seigles dn Mecklem-
bourg, de la Poméranie et de la Prusse orientale ne sont
pas aussi inférieures aux nôtres; et les seigles de Russie
valent ceux de Belgique, mais par contre les frets et les
assurances sont beaucoup plus élevés et compensent ce
que les qualités présentent de plus favorable.

Sur les prix moyens qui existaient au moment où l'ancienne législation a été changée, cette protection était
de 48 p. 0/0, pour le froment ; de 51 p. 0/0; pour le
seigle ; de 40 p. 0/0, pour l'orge ; de 33 p. 0/0, pour
l'avoine.

Et ce n'étaient pas encore les seuls frais qu'eussent à
payer les producteurs étrangers, avant de concourir en Belgique avec les produits indigènes. Les céréales devaient
supporter le transport jusqu'aux lieux d'embarquement,
puis les frais de commission, de chargement, de déchar-
gement, de courtage, de commission, de vente etc. Tout
cela réuni s'élève encore pour le moins à dix p. c. Ainsi
sous l'empire de l'ancienne législation, notre agriculture était protégée par des droits divers qui en somme
pouvaient s'élever à 50 p. c., et l'agriculture ou pour
mieux dire certains grands propriétaires n'ont pas en-

core été satisfaits ! et le pouvoir législatif s'est laissé entraîner jusqu'à sacrifier à leur égoïsme les intérêts de
l'industrie et du commerce. C'est une faute énorme qu'il
a commise; l'heure est venue de la réparer.

CHAPITRE X.

Des mesures préventives contre les famines.

Nous croyons avoir établi que la liberté du commerce des céréales, est le seul moyen de remédier efficacement aux maux occasionnés par les famines ou par les disettes.

Mais si l'on ne doit pas entraver la marche naturelle des choses, il faut seconder autant qu'il est au pouvoir de l'homme la distribution égale des céréales dans les diverses parties de l'État. Pour parvenir à ce but, la voie la meilleure et la plus sure est de creuser des canaux et de construire de bonnes routes: le grain est une marchandise très-lourde qui occupe beaucoup de place, et qui est difficile à transporter; il faut donc que les communications soient dans le meilleur état possible, pour que l'on puisse porter de prompts secours aux districts affamés. Ceci prouve de quelle importance est une bonne navigation intérieure, ainsi qu'un système de routes bien combiné; on sent toute l'étendue des services que peuvent rendre les perfectionnements des routes, des canaux et des moyens de transport; il serait surtout à souhaiter que, dans l'intérieur du pays, on pût se servir de bateaux à vapeur sur les rivières principales.

Il faut aussi répandre l'instruction dans le peuple, pour qu'il connaisse les erreurs dans lesquelles on l'a nourri, pour qu'il ne prenne pas pour ses ennemis les administrateurs qui veulent son bien, et pour qu'il ne regarde pas comme nuisibles des mesures qui lui sont favorables.

Il serait aussi à souhaiter que l'habitude de la variété des mets se répandit dans la masse du peuple ; c'est un des moyens les plus puissants d'éloigner les disettes , parce que toutes les denrées ne peuvent manquer à la fois.

N'oublions pas non plus d'instruire les agriculteurs dans les nouvelles méthodes. Chez eux la vie étant plus uniforme, ils acquièrent peu d'idées nouvelles; aussi la routine et les préjugés sont plus fortement enracinés dans cette classe que dans toute autre. Il faudrait instituer des fermes-modèles; il faudrait aussi que les instituteurs dans les campagnes pussent indiquer aux jeunes élèves les sommités des nouvelles théories agricoles : cette impression première les ferait réfléchir, les ferait recourir aux ouvrages qui traitent de la science agricole. Il serait convenable qu'il y eût près de chaque école une bibliothèque publique des principaux ouvrages d'Agriculture, ainsi qu'une collection des principaux instruments aratoires nouveaux.

Il est inutile d'interdire les fabriques qui emploient le grain comme matière première. C'est même une mesure mauvaise, car c'est se priver de greniers d'abondance; l'on peut être sûr en effet que dans les temps de disette, ces fabriques arrêteront spontanément leurs travaux, parce que l'on trouvera plus de profit à vendre le grain en nature. Défendre de conserver les animaux inutiles, ou peu utiles qui se nourrissent de céréales, est également une mesure fort mal imaginée; car il n'y a que ceux qui peuvent nourrir ces animaux qui puissent les conserver. — D'ailleurs, tout cela augmente les débouchés des produits agricoles, et par conséquent leur production.

La question de savoir si les grandes fermes sont préférables aux petites, semble trouver ici une place naturelle. Cette question, si simple en apparence, n'a pas cependant reçu une solution uniforme : les uns ont soutenu que les petites fermes étaient les plus utiles; les autres ont embrassé un système contraire, et c'est celui que nous partageons.

Nous n'entendons pas parler de la concentration des propriétés territoriales, ce qui est tout autre chose. Que cette concentration soit ou ne soit pas favorable au pays, c'est une question qu'il devient inutile d'examiner, elle a été décidée négativement par le code civil, et nous croyons que cette décision est bonne; car il y a injustice à accumuler les terres sur la tête d'un seul ; l'existence d'une trop puissante aristocratie territoriale n'est guère désirable, surtout quand l'industrie et le commerce n'ont pas encore élevé à côté une autre classe également riche. Les mesures législatives ne doivent cependant pas non plus amener le morcellement des propriétés : ce résultat est nuisible à l'agriculture, parce qu'il occasionne la division des exploitations.

Nous appelons *grande ferme* une exploitation agricole qui s'étend sur une étendue de terrains assez considérable, et qui est dirigée par un seul entrepreneur nommé *fermier*. Les champs peuvent appartenir à différents propriétaires, la division des propriétés territoriales n'empêche pas l'existence des grandes entreprises agricoles; le fermier possédant de grands capitaux est alors plus indépendant des propriétaires fonciers. Lorsque le pays est riche, les petits propriétaires éprouvent le besoin de louer leurs champs, parce qu'il leur serait impossible de les cultiver eux-mêmes sans des frais énormes et par suite avec peu de profit; il est donc inutile de porter des lois qui forcent en quelque sorte la réunion des propriétés. D'un autre coté la concentration des propriétés territoriales sur la tête de quelques individus, ne peut pas faire que les exploitations agricoles soient plus considérables; car pour que le même homme cultive beaucoup de terrains, il faut qu'un capital assez fort soit accumulé dans ses mains : si les agriculteurs n'ont pas des capitaux suffisants pour couvrir toutes les dépensees qu'exigent des exploitations considérables, ils sont dans le dénuement; c'est aussi ce que l'on voit dans des pays où les exploitations sont vastes, mais où les cultivateurs ne sont pas assez riches et où l'esprit d'association n'excite pas. Il ne faut donc pas craindre la trop grande division des fonds; si les terres sont trop divisées, elles tendront d'elles-mêmes, à se réunir parce que les petits propriétaires retirent trop peu de profits en cultivant eux-mêmes leurs fonds, et qu'il leur est plus favorable de s'adonner à une autre industrie avec les capitaux qui représentent la valeur locative de la terre.

Cependant plusieurs motifs assez plausibles servent d'appui à l'opinion que les petites fermes sont préférables aux grandes.

La culture n'exige pas, dit-on, de grands capitaux quand les fermes sont divisées, et ainsi cette industrie est à la portée d'une foule de personnes qui peuvent l'exercer avec succès. Mais ce motif n'est vrai que quand l'industrie manufacturière et commerciale ne s'est pas encore developpée : si l'industrie avait fait des progrès, il serait préférable de s'adonner à des entreprises autres que la culture de la terre ; parceque, l'on doit continuellement recourir à des terrains moins fertiles à cause de l'accroissement de la population et que par suite le fermage hausse constamment. D'un autre côté, l'industrie agricole est bornée, elle ne peut dépasser la limite que lui assigne l'étendue des terrains susceptibles de culture renfermés dans le sein de l'état ; Il est donc à souhaiter que les capitalistes s'adonnent à des industries qui peuvent s'étendre indéfiniment et donner par conséquent des profits considérables. Une nation doit en outre employer pour exploiter les petites fermes plus de capitaux que pour les grandes : chaque ferme doit avoir les mêmes instruments aratoires et presqu'en même quantité, ce qui exige des dépenses complètement inutiles, puisqu'un petit nombre d'instruments employés plus fréquemment suffirait pour une étendue de terrains qui compose trois ou quatre petites fermes. Il en résulte une dépense quelquefois double dans les frais pour les instruments aratoires nécessaires.

Un pays riche possède de grands capitaux, et sous ce rapport il est préférable qu'il n'y ait qu'un fermier pour une grande étendue de terres, puisque les profits, ne devant pas se diviser, forment bientôt un deuxième capital capable de féconder une autre industrie. Les petits capitalistes peuvent aussi exploiter de grandes fermes, ils n'ont qu'à former des associations.

Ce n'est pas d'ailleurs un bien pour un pays qu'un grand nombre de personnes s'adonnent à une industrie qui ne procure plus que les profits les plus bas, quand

toutefois d'autres industries avantageuses existent simultanément : En effet Lorsque des capitaux sont employés
à cultiver de petites portions de terrain, il faut, en règle
générale qu'on en retire des gains plus considérables que si
si l'on avait entrepris la culture d'une grande ferme. La raison de cette différence est palpable: toute une famille doit
subsister sur les revenus que lui procure un faible capital;
il faut donc que les profits réalisés soient assez élevés: que
si au contraire le capital est considérable, et tel est celui
qu'exige une grande exploitation rurale, le fermier peut
se contenter de profits beaucoup moins élevés, parce
que la force de son capital compense la différence qui peut
exister dans le taux des profits; il en est encore de mème
quand une grande ferme est exploitée par plusieurs as-
sociés, parce qu'il y a toujours épargne d'instruments et
d'hommes. Ces observations démontrent que le peuple
paie son pain trop cher quand les exploitations sont divisées entre un grand nombre de fermiers.

L'on peut, il est vrai, donner plus de soin à la culture sur une faible étendue de terrains; mais ce n'est pas une
raison de préférer les petites fermes aux grandes, quoique
celles-ci puissent être et sont également bien cultivées :
les hommes employés à la culture dans ces dernières ne
se livrent qu'à cette seule occupation, tandis que les cultivateurs des petites portions de terre doivent rester longtemps à ne rien faire ; ils n'ont pas d'intérêt à découvrir
les procédés les plus expéditifs, puisque rien ne les pres-
se. L'industrie agricole ne ferait donc guère de progrès.

Nous devons reconnaitre cependant que les cultivateurs
des petites exploitations ne sont pas oisifs pendant les mois
où il ne leur reste aucun travail à exécuter dans les
champs ; ils se livrent à des travaux qui ont plus ou moins
trait à l'agriculture ; mais cela fait aussi que l'agriculture
n'est pas poussée au dernier dégré de perfection, puisque
les hommes qui doivent souvent changer de genre d'occupation, ne peuvent ordinairement se perfectionner dans
aucune, sans compter les pertes de temps forcées pour
passer d'un travail à un autre. D'ailleurs les divers gen-
res d'industrie auxquels les agriculteurs peuvent se li-

vrer. ont reçu maintenant des dévéloppements tels que
s'y adonner individuellement c'est travailler à perte : telle est, par exemple, la filature du lin, telle est encore
la fabrication des chapeaux de paille. Si dans les petites
fermes l'attention n'est pas divisée, si le fermier peut sur-
veiller toute son exploitation et empêcher les pertes de
temps, il doit en être de même, à plus forte raison, dans
les grandes fermes, puisqu'on ne s'y occupe que de la
seule industrie agricole ; tandis que le contraire a lieu
dans les petites fermes· l'entrepreneur d'une grande ferme exerce sa surveillance très-aisément, car il n'est pas forcé de travailler, il n'a qu'à diriger : tandis que dans les
petites exploitations le fermier doit labourer par lui-même et par suite il surveille moins bien. Si ce que
nous disons était erronné, il s'ensuivrait qu'une grande
manufacture ne peut être aussi bien surveillée qu'une
petite ; l'expérience prouve la fausseté de cette hypothèse,
parce que l'entrepreneur ne se livre qu'à ce seul travail.

Enfin si dans une petite ferme on peut obtenir plus de
céréales que dans une grande eu égard à l'étendue du
terrain, cette quantité est certainement plus faible que celle qui est produite dans une grande ferme eu égard au travail et au capital employés dans l'une et l'autre. En effet,
on n'occupe ordinairement pas plus d'ouvriers dans une
grande exploitation que dans une petite, parce que dans
la première les hommes travaillent continuellement à
faire la même chose, il y a autant d'instruments aratoires dans l'une que dans l'autre, seulement on s'en sert
plus souvent dans les unes que dans les autres ; les fruits
recueillis sur les arbres ne sont pas perdus dans
une grande ferme, parce que la grande quantité fait
qu'il a profit de les recueillir pour les vendre ; toute
portion de terrain est utilisée dans une vaste exploitation, tandis que dans une petite des parcelles de fond
restent inutiles parce que leur produit est presqu' insi-
gnifiant eu égard aux peines qu'on devrait se donner pour
les cultiver.

Il est donc préférable pour le pays d'avoir de grandes
fermes ; cependant lorsque le commerce n'est pas libre ,

lorsque des entraves gênant la circulation , res-
treignent le nombre des industries, qui peuvent augmenter les richesses nationales : il serait utile dans ce cas d'exploiter de petites fermes, puisqu'on ne peut rien faire de
mieux. Telle était la situation des Pays-Bas Autrichiens; aussi voyons-nous que dans celles de nos provinces qui ont
été anciennement soumises au gouvernement autri-
chien l'exploitation des fonds ruraux était très-divisée.

Dans les temps de disettes, les séditions sont surtout
à craindre ; pour les prevenir, il faut extirper la classe
des mendiants, car les hommes qui sont accoutumés au
travail, rentrent plus facilement dans l'ordre, parce-
qu'ils sentent qu'ils perdent beaucoup plus par les
troubles, qui les privent de tout travail, que par une
diminution dans les salaires ; pour parvenir à détruire la mendicité, on a établi des colonies de pauvres
dans des terrains incultes et de qualité inférieure. Cette
institution est en tout point, conforme aux principes de
l'Économie politique : c'est le moyen le plus favorable
d'extirper la mendicité; il détruit les habitudes de paresse en accoutumant les mendiants valides à un travail réglé; la guérison de cette lèpre sociale n'est pas le seul
bien que le pays retire, il y a encore un autre avantage nota-
ble, c'est que cette manière d'entretenir les pauvres n'est pas
sans résultat utile sous le rapport de la prospérité matérielle: la Société de bienfaisance fournit des capitaux pour élever des fermes et défricher des terres; après un certain
nombre d'années le sol est amélioré au point de pouvoir rendre aux cultivateurs le profit ordinaire. Il y a
donc double avantage pour la nation : d'abord la mendicité est anéantie, et en second lieu des terres incultes
sont défrichées avec profit. Honneur à l'homme qui a eu
le premier cette idée philantropique et qui a su la réaliser! — Pour que cet établissement prospère, il faut que
l'on ne souffre des mendiants dans aucune partie du
royaume, car bientôt il y aurait autant de pauvres qu'auparavant ; cependant la police dans les villes et surtout
dans les campagnes, ne met pas, paraît-il, toute l'activité désirable à la répression de ce mal, car il n'est

pas rare de trouver des mendiants dans nos promenades et sur les places publiques. Cette indulgence suffit pour arrêter tous les bons effets de l'etablissement des colonies; parceque c'est accorder une prime à la fainéantise: les citoyens ne doivent rien donner à ces mendiants : ce n'est pas celui qui n'est véritablement dans le besoin qui tend la main aux passants , le mendiant se fait un état de vivre dans l'oisiveté. Qu'on ne croie pas que nous nous élevions contre la charité : loin de là ; mais nous désirons que l'on soit utilement charitable ; c'est à l'ouvrier pauvre et honteux de sa misère que l'on doit porter du secours dans son réduit, et c'est en coopérant à la prospérité de l'institution éminemment salutaire des colonies que l'on se montre véritablement ami de l'humanité; celui qui donne l'aumône à des fainéants valides commet une grande faute tout en voulant faire le bien : il encourage des oisifs à persister dans leur paresse, dans leur immoralité; car ordinairement ces hommes qui croupissent dans l'ignorance et dans la crasse , sont les messagers de la débauche; que si vous donnez quelquefois pour vous débarrasser des importunités de ces êtres, au moins faites leur sentir dans quel vil état ils végètent , et quels dangers ils courent si on venait à les surprendre. Mais c'en est assez sur une matière qui n'est attachée que fort indirectement au sujet de nos recherches.

En terminant ce chapitre, nous faisons des vœux pour qu'il s'établisse dans tous les pays des Caisses d'épargnes et des Associations de secours mutuels entre ouvriers; assez d'autres ont fait ressortir les avantages de ces institutions. La première Association de secours mutuels entre ouvriers vient de s'établir à Genève. Qu'il nous soit permis d'espérer que nos villes manufacturières se hâteront d'importer cette utile institution; il serait beau que le gouvernement prit l'initiative dans cette occasion.

Nous sommes maintenant arrivés à la fin de notre essai, il ne nous reste plus qu'à présenter un résumé concis de tout ce que nous avons dit.

Le commerce intérieur jouissant de la liberté, obvie aux inegalités des saisons, évite les disettes parce que la situation d'un pays, la température qu'il éprouve, ne sont pas les mêmes dans toutes ses parties, et que par suite les différentes provinces peuvent se prêter un secours mutuel ; tous supportent d'une manière égale le poids de la disette, et l'élévation des prix proportionne pendant toute l'année la consommation à la quantité de blé disponible. Le marchand ne fera pas monter le prix à un taux trop élevé, son intérêt s'y oppose : le déchet naturel des blés, la récolte prochaine lui présagent des pertes qu'il doit vouloir éviter; il est inutile de dire qu'il ne vendra pas à trop bon marché, car il ne retirerait pas tous les profits qu'il pourrait faire. En conservant le superflu des récoltes, ce commerce fait, à peu de frais, le service de greniers publics ; il fait faire des progrès à l'agriculture par le prompt retour des avances, et par des paiements anticipés.—Les accaparements sont impossibles, parce que le commerce intérieur libre empêche qu'il y ait un monopole.

La liberté d'exporter les céréales empêche indirectement les famines dans les pays agricoles et manufacturiers, parce que dans les premiers il fait produire des céréales en quantité supérieure à celle qui suffit aux habitants pour une année moyenne, et il fournit aux seconds du blé en grande abondance parce que le marchand étranger peut réexporter ses denrées dans une autre contrée, quand les prix sont trop bas. — Lorsque les prix sont peu élevés. le commerce d'exportation est le seul moyen d'établir avec fruit des fabriques dans les pays agricoles, parce qu'il ne faut pas pour créer des manufactures enlever des capitaux à l'agriculture, mais il faut que de nouveaux capitaux soient accumulés et qu'ils s'emploient d'eux-mêmes dans les manufactures; autrement c'est diminuer l'industrie agricole pour l'industrie des villes, et jamais un pareil résultat n'est désirable, parce que les capitaux ainsi enlevés à l'agriculture sont employés à produire des d'objets manufacturés qui sont moins finis et en moins grande quantité, que ceux que les nations étrangères donneraient en échange des céréales. — Il ne faut pas non plus accorder de gratifications à l'exportation des grains, parce que c'est faire entrer les capitaux dans une industrie peu favorable et même désavantageuse; car on fait le commerce à perte, puisqu'on donne une prime aux étrangers pour les engager à recevoir nos denrées. Enfin cette mesure, quand l'agriculture est parvenue à un certain point, ne peut plus faire augmenter la production des céréales, parce que les frais nécessaires ne seraient pas même compensés par la gratification.

Le commerce d'importation n'a lieu que dans les pays où le prix des céréales est assez élevé, pour couvrir tous les frais de transport et le déchet naturel du grain : cette protection est suffisante pour les producteurs nationaux; ce commerce est le seul moyen de prévenir les fluctuations dans les prix et d'échapper à l'irrégularité des saisons. En effet le pays sera toujours fourni aussi abondamment que possible eu égard à l'abondance de l'année ; si des restrictions fesaient produire dans les années moyennes une quantité de grain suffisante pour la population, dans les années d'abondance il n'y aurait pas d'exportation possible, et le sort des agiculteurs serait bien misérable. Ces revirements continuels nuisent beaucoup aux consommateurs eux-mêmes, puisque tantôt ils paient les céréales fort cher et tantôt à très-bon marché; les industriels ne font pas non plus beaucoup de profit, parce que les agriculteurs dans la pauvreté ne peuvent rien acheter. L'importation n'a lieu que parce que les pays industriels obtiennent plus de grain en produisant des objets manufacturés, et que les pays agricoles reçoivent de leur côté plus d'objets manufacturés en produisant des céréales. Enfin, ce commerce crée les fabriques dans les pays peu avancés, les développe dans les contrées manufacturières, augmente la population, et améliore l'agriculture par l'augmentation de la demande de ses produits.

Quand un pays est chargé d'impositions plus fortes que celles qui grèvent les autres contrées, ce n'est pas une raison ponr le gouvernement de ce pays; de mettre des entraves au commerce des blés en effet, si les taxes sont générales, tous les produits sont affectés de ces taxes, et par suite les étrangers ne peuvent prendre en retour que des produits qui ont acquitté l'impôt. Il en est de même si la taxe est indirecte et spéciale à l'agriculture, car il est impossible de déterminer quelle est la surcharge qui affecte la classe agricole : il faudrait évaluer toutes les impositions particulières à l'agriculture étrangère, impositions que les frais de transport compensent plus ou moins. Quant aux taxes directes et spéciales à nos cultivateurs, il en est autrement, leur montant est déterminé : elles doivent donc être contrebalancées par un droit équivalent, déduction faite du montant des frais de transport et accessoires ; agir autrement, ce serait placer nos agriculteurs dans une position exceptionnelle, ce qui ne doit jamais être pour aucune espèce d'industrie.

Des prohibitions ne sont pas non plus nécessaires pour que l'agriculture obtienne un prix convenable pour ses produits. Toute industrie doit donner des bénéfices sans qu'il soit besoin de recourir à des restrictions; s'il en était autrement pour l'industrie agricole, il faudrait proclamer que loin d'être favorable au pays, elle lui est au contraire nuisible, puisque ceux qui s'y livrent doivent être soutenus aux dépens de tous, ce qui ne doit jamais avoir lieu pour aucune espèce de production. Le prix qui provient des prohibitions, n'est pas un prix simplement renumératoire, c'est un prix élevé; car par l'anéantissement de la concurrence, on paie plus cher pour le grain indigène que pour le blé étranger.

Le trop grand éloignement des contrées de la Mer Noire, et la circonstance que les pays circonvoisins y puisent leur subsistance, font que jamais notre agriculture n'aura rien à redouter de ce côté.

Il ne faut pas établir de nouvelles prohibitions, ni maintenir les anciennes, pour qu' en cas de guerre le pays produise des céréales en quantié suffisante pour nourrir les habitants. Ce but est purement imaginaire, car si l'ennemi est assez puissant pour entourer le pays de tous côtés, il ne s'amusera pas à nous tenir enfermés, mais il fera une invasion; s'il se bornait à nous enfermer dans nos frontières, il faudrait rompre le blocus ou il faudrait se soumettre. On cite pour exemple de la possibilité des faits qui servent de base à l'objection les évènements qui se sont passés sous Napoléon et le blocus continental : mais qui ne voit que ce sont là des exceptions qui ne se représenteront peut-être jamais; aussi ceux qu'il avait voulu affamer, ont-ils fini par triompher!

Si on défend l'importation ou l'exportation de certaines marchandises, il ne faut pas pour ce motif défendre l'exportation ou l'importation du blé; car une première faute n'est pas une raison pour en commettre une seconde. L'agriculture ne doit pas souffrir de la défense d'exporter certaines marchandises; elle ne doit pas non plus réclamer contre l'importation du blé étranger, lorsque l'importation de certaines marchandises est prohibée : ce n'est pas en effet un titre qui puisse l'autoriser à demander une prohibition, elle n'auroit tout au plus droit de réclamer que contre ceux qui profitent de l'importation. Les autres ne doivent pas supporter deux maux au lieu d'un.

Le système du minimum et du maximum ne doit pas non plus être admis, parce que cette mesure ne fait pas et ne peut pas faire fleurir l'agriculture: le monopole lui assurant le marché intérieur, elle restera stationnaire, ne fera aucun progrès; on paiera par suite fort cher les objets de première nécessité, et on sera mal fourni; les fluctuations dans le prix des céréales se feront sentir constamment; pour qu'il y ait exportation possible avec ce système, il faudra que le prix de nos denrées soit tombé au minimum et même au dessous du prix que l'on donne pour les blés dans les autres pays; les disettes seront à redouter, parce que les étrangers ne seront guère portés à venir dans un pays où ils craindront de ne pouvoir faire tout le profit qu'ils pourraient espérer, si la réexportation n'était défendue.

Nous ne payerons de la sorte pour les céréales que le prix juste, puisque nous ne dépensons rien pour lutter contre la nature des choses. Cette ligne de conduite libérale devrait encore être suivie par nous dans le cas de disette dans les pays régis par une législation prohibitive, parce qu'en bonne politique on ne doit jamais alarmer le commerce par des changements soudains, et que plus nos agriculteurs obtiendront en échange de leurs produits, plus ils seront en état d'augmenter leurs entreprises et plus par conséquent les disettes deviendront rares dans notre pays.

Mais que faire si tous les peuples ferment leurs ports à l'exportation des grains? Nous devrions encore dans cette hypothèse laisser les nôtres ouverts, parce que ce serait le seul moyen qui nous restât pour faire des échanges profitables; car nous pourrions choisir ce qu'il y a de mieux en produits manufacturés dans les marchés étrangers; notre agriculture ferait ainsi de grands progrès. Si l'on refuse nos céréales, inutile de porter des lois restrictives, parce que les lois étrangères défendant l'importation ou l'exportation, ou les prohibant toutes deux, nous protègent comme si elles formaient notre propre législation: en effet si nous ne pouvons rien importer dans un pays, il nous est impossible d'en exporter quoi que ce soit, à moins qu'on ne nous le donne; si toute exportation est défendue, nous ne pouvons rien importer de cette contrée dans notre pays, en d'autres termes il n'y aura pas de relations commerciales entre ces contrées et la nôtre, car il faudrait pour qu'il y en eût, qu'il fut permis d'exporter quelques objets qui soient à notre convenance.

L'expérience de la République hollandaise et du royaume des Pays-Bas a prouvé la vérité de notre théorie.

Enfin un des avantages du système de liberté absolue, avantage qui, à nos yeux, n'est pas le moindre, c'est que les hommes des différentes parties du globe feront connaissance entre eux: les préjugés nationaux disparaitront; les rivalités sans motifs qui amènent des guerres sanglantes, cesseront complètement, ou du moins l'intérêt fera bientôt comprendre aux peuples qu'ils n'ont que peu à gagner et beaucoup à perdre par des guerres d'ambition , qu'il est de leur véritable intérêt de se perfectionner pacifiquement et de laisser perfectionner les autres; c'est ainsi que les guerres deviendront moins meurtières et de moins longue durée; les différents peuples se regarderont à la fin comme les membres d'une même grande famille répandue sur la surface de l'univers; ils sentiront que leur intérêt n'est pas dans l'anéantissement où l'abaissement de telle ou telle nation, mais dans son développement. parce que les peuples en avançant dans la civilisation. contribuent à leur perfectionement réciproque ; et c'est alors qu'entre les nations de la terre s'observera la maxime sublime de l'Evangile: « Aimez-vous les uns les autres. »

Nous n'avons pas parlé du système des entrepôts, parce qu'ils sont complètement inutiles quand on suit le principe de la liberté du commerce; mais dans les pays où existent encore des restrictions. cette institution est fort utile : il y a dans ces magasins une masse de blés destinés à repousser les famines, d'un autre côté la denrée de première nécessité est par l'institution des entrepôts approchée du consommateur aussi près qu'il est posible sous une législation prohibitive. Cette mesure n'est toutefois qu'un palliatif fort insuffisant, cependant elle empêche que le mal ne prenne une trop grande extension, c'est assez dire que cette mesure a toute notre approbation.

Nous avons terminé nos considérations sur le commerce des céréales, heureux d'avoir apporté notre grain de sable à la chose publique,

FIN,

31 juillet 1834.

LOI CONCERNANT LES DROITS D'ENTRÉE ET DE SORTIE DES CÉRÉALES.

(Bull. off. XLVII.)

LÉOPOLD, ETC.

Nous avons, de commun accord avec les chambres, décrété et nous ordonnons ce qui suit :

Art. 1er. Par modification au tarif actuellement en vigueur, les droits d'importation, d'exportation et de transit des céréales sont remplacés par ceux fixés dans le tableau annexé à la présente loi.

ESPÈCES.	Unité sur laquelle portent les droits.	DROITS d'entrée.	DROITS de sortie.	DROITS de transit.
		fr. c.	fr. c.	f. c.
FROMENT.				
Lorsque le prix de l'hect. est de fr. 24 et au-dessus	Poids net. 1000 k.	libre.	prohibé.	1 50
de 20 francs et au-dessous de fr. 24.	—	id.	» 25	1 50
» 15 id. id. 20.	—	37 50	» 25	1 50
» 12 id. id. 15.	—	75 —	» 25	1 50
» 12 id. id.	—	prohibé.	» 25	1 50
SEIGLE..				
Lorsque le prix de l'hect. est de fr. 17 et au-dessous	1000 k.	libre.	» 25	1 50
de 15 francs et au dessous de fr. 17.	—	id.	» 25	1 50
» 9 id. id. 15.	—	21 50	» 25	1 50
» 7 id. id. 0.	—	43 —	» 25	1 50
» 7 id. id.	—	prohibé.	» 25	1 50
Orge et escourgeon.	—	14 —	» 25	1 50
Drèche (orge germée).	—	17 —	» 25	» 50
Blé noir ou sarrasin.	—	13 —	» 25	» 50
Fèves et vesces.	—	10 —	» 25	» 50
Pois.	—	19 —	» 25	» 50
Avoine.	—	11 —	» 25	» 50
Gruau et orge perlé.	100 k.	5 —	» 25	» 50
Pain biscuit, pain d'épices, farine ou mouture de toute espèces, son fécule de pommes de terre ou d'autres substances amilacées.	—	15 —	libre.	10 —
Vermicelle macaroni semoule.	—	24 —	id.	10 —

a) Le métail et l'épautre sont assimilés au froment.

b) Les farines ou mouture sont soumises aux mêmes prohibitions que les grains dont elles proviennent.

c) Les grains en gerbe ou en épis, comme les grains de leur espèce.

d) La taxe sur les grains en sacs est fixée [illegible] du poids brut.

e) Les grains importés en entrepôt obtien[nent] [illegible] lorsqu'ils seront réexportés par mer, exception du droit de transit.

Les moyens de vérification par pesage ou mesurage seront fournis par les intéressés ou à leurs frais : le salaire des agents préposés par le gouvernement pour cette opération ne pourra excéder 50 centimes par 1000 kilogrammes.

Art. 2. Dans les cas où l'exportation ou l'importation seront prohibées d'après les dispositions de l'art. 1er, les qualités des grains soumis à ce régime, existantes alors en entrepôt, seront admises à en sortir ponr être réexportées par mer ou transit; et, dans le cas de défense d'importation, l'expédition réelle sera garantie au moyen d'acquits à caution.

Art. 3. Toute quantité de grains livrées frauduleusement à la consommation, soustraite au régime de restriction ci-dessus ou détournée de l'exportation ou du transit déclaré, rendra, dans les cas prévus par l'article précédent, le contrevenant ainsi que le propriétaire ou le détenteur, sauf leur recours l'un envers l'autre, solidairement responsables de la contravention et du paiement d'une amende égale au double de la valeur de l'objet détourné suivant le prix du jour où le fait aura été constaté.

Art. 4. Le gouvernement fera établir chaque semaine et publiera dans le *Bull. officiel*, le prix moyen du froment et du seigle, d'après les mercuriales qui seront, chaque samedi formées à cet effet par les soins respectifs des autorités provinciales et communales, qui les adresseront immédiatement à l'autorité supérieure nommée par le roi.

Les marchés régulateurs sont exclusivement :

Arlon, — Anvers, — Bruges, — Bruxelles, — Gand, — Hasselt, — Liége, — Louvain, — Namur, — et Mons.

Art. 5. Lorsque les prix moyens de deux semaines consécutives donneront lieu, en vertu de l'art. 1er, soit à une prohibition, soit à un changement de droits d'entrée, le gouvernement en fera la proclamation, et l'art. 1er sortira ses effets dès le septième jour après celui de la proclamation. Il sera, à cette fin, adressé ampliation aux gouverneurs de chaque province. Il sera de même lorsque les prix de deux semaines consécutives donneront lieu à la levée de la prohibition.

Art. 6. La présente loi sera soumise à revision avant le 30 juin 1837.

Mandons et ordonnons etc.

Contresigné par le ministre d'Etat, chargé *ad interim* du portefeuille des affaires étrangères,

Comte FÉLIX DE MERODE.

TABLE DES MATIÈRES.